1001 Meditationen

1001 Meditationen

Innere Ruhe finden

Mike George

Librero

Originaltitel: 1001 Meditations

© 2015 Librero IBP (für die deutsche Ausgabe)
Postbus 72, 5330 AB Kerkdriel, Niederlande

Copyright © Duncan Baird Publishers 2004

Redaktion: Elen Sentier, Lucy Latchmore
Design: Manisha Patel, Sailesh Patel
Illustrationen: David Dean, Hannah Carty, Sailesh
Patel

Übersetzung aus dem Englischen:
Nina Kavelar, Köln
Redaktion und Satz der deutschen Ausgabe:
Print Company Verlagsges. m.b.H., Wien

Printed in China

ISBN: 978-90-8998-548-4

INHALT

EINLEITUNG

Das chinesische Wort für „beschäftigt" besteht aus zwei Zeichen: „Herz" und „Mörder". In der heutigen Zeit ist jeder „beschäftigt" und es überrascht nicht, wie viele tausend Herzen jedes Jahr versagen. Doch unser wahres Herz liegt nicht im Körper, sondern in unserem Bewusstsein. Spirituelle Menschen nennen es die Seele – die Essenz dessen, was wir sind. Unser geistiges Wohlbefinden (die Stärke unserer Verbindung zur Seele) misst sich anhand der Qualität und Stabilität unseres inneren Friedens und unserer Fähigkeit, Liebe in die Welt auszustrahlen. Dazu müssen wir nach Belieben Stille erzeugen können. Das wirksamste Mittel für mehr seelisches Wohlbefinden ist die Meditation: Sie hilft uns, unseren Geist zu beruhigen, alte Verletzungen loszulassen, völlig gegenwärtig zu sein, uns am Moment zu erfreuen, unser Denken zu verändern und unsere Herzen von innen heraus zu heilen.

In den letzten zwanzig Jahren hatte ich das Glück, eine der reinsten Formen der Meditation zu unterrichten: die Raja-Yoga-Meditation. Mit der Zeit erweiterte sich durch die Praxis der Meditation der spirituelle Horizont meines Lebens und ich erlangte wertvolle Einsichten in das „Selbst". Ich lernte durch diese Meditation, mit dem Druck des modernen Alltags umzugehen und mein Herz schonend zu heilen.

Heute hat der Begriff „Meditation" viele Bedeutungen – von Kontemplation bis zur inneren Disziplin des Bewusstseins, die zu tiefem geistigem Erwachen führt. In den Weisheitsphilosophien wie dem Buddhismus oder dem Taoismus dient die Meditation dazu, bestimmte „ewige Wahrheiten" zu erkennen und in den Alltag zu integrieren. Dieser Zugang ist besonders in der heutigen, durch Trugbilder getrübten Welt sehr wertvoll. Für Religionen wie das Christentum oder das Judentum ist die Meditation neben dem Gebet und Gottesdienst eine Möglichkeit, die zugrundeliegenden, geistigen Wahrheiten ihrer Traditionen zu verstehen und zu individualisieren. Im Yoga kombiniert man Meditation oft mit Körper- und Atemübungen, für eine Bewusstseinshaltung der Ruhe und Konzentration. Besonders im Raja-Yoga gehört die Vorbereitung des Bewusstseins auf eine feinstoffliche, liebevolle Vereinigung mit dem Ursprung der Seele – dem Göttlichen – zur Meditation.

Im vorliegenden Buch habe ich versucht, ein breites Spektrum an möglichen Bedeutungen und Praktiken der Meditation abzudecken, mit vielen Meditationen, kontemplativen Einsichten, spirituellen Lebensweisheiten, Affirmationen und Visualisierungen, die ich entweder selbst entwickelt oder aus anderen Quellen gesammelt habe. Auch wenn ich

nicht immer alle Ansichten teile, respektiere ich die originalen Verfasser, ob bekannt oder anonym. Das vielfältige Ergebnis ist keine Anleitung zur Meditation, sondern ein Nachschlagewerk aus authentischen, unterschiedlichen Zugängen.

Bei den Schritt-für-Schritt-Meditationen ist es wichtig, dass Sie sich nie gegen Ihre Gedanken und Gefühle wehren. Beobachten Sie diese einfach. So entsteht eine natürliche Distanz, die es Ihnen ermöglicht, tiefer in die Mitte Ihres Selbst vorzudringen. Wenn Sie über eine Aussage oder eine Weisheit nachdenken, stellen Sie sie gedanklich in einen Spiegelsaal. So können Sie die Tiefe und Tragweite der Weisheit mit Ihrem inneren Auge aus allen Blickwinkeln erfassen. Versuchen Sie beim Üben der Visualisierungen ein Gleichgewicht aus bewusst erzeugten und unbewusst entstandenen Bildern zu erreichen. Seien Sie spielerisch, aber auch konzentriert genug, um kreativ sein zu können.

Sie können mit diesem Buch unterschiedlich arbeiten, etwa indem Sie jeden Tag einen zufällig gewählten Eintrag zum Schwerpunkt ihrer

Morgenmeditation machen und beobachten, wie er sich auf Ihren Tag auswirkt. Wenn Sie etwas Bestimmtes suchen, wie inneren Frieden, können Sie über das Stichwortverzeichnis ein zu Ihrer Situation passendes Thema finden. Oder Sie wählen eine Meditation für die Woche aus und befassen sich jeden Tag mit ihr. So vertiefen Sie die meditative Erfahrung und gewinnen weitere Einsichten. Sie können auch drei Meditationen nach dem Zufallsprinzip auswählen, diese der Reihe nach bearbeiten und über ihre Zusammenhänge sinnieren.

Welche Methode Sie auch wählen – Sie werden merken, dass Ihnen regelmäßiges Meditieren dabei helfen kann, Ihre innewohnende Ruhe, Liebe und Freude zu erkennen und zu entfesseln. Dieses Buch dient Ihnen als Landkarte für diese innere Reise, bei der tausendundein Wegweiser auf Ihr bereits vollkommenes Selbst und nach vorne in ein zufriedeneres Leben in Frieden, Liebe und Freude zeigen werden.

Wenn Sie Fragen haben, schreiben Sie mir unter: mike@relax7.com.

Bon voyage, Mike George

Glück und Schicksal

AUFBRECHEN

1   Morgendämmerung

In vielen Traditionen ist die Morgendämmerung die ideale Zeit zum Meditieren – wenn die Welt am stillsten ist. Gehen Sie kurz vor der Dämmerung hinaus an einen Ort, wo Sie sitzend den Sonnenaufgang betrachten können. Wenn die Sonne am Horizont erscheint, erfüllen Sie Ihren Geist mit den Farben des Himmels und freuen Sie sich über den neuen Tag. Spüren Sie die Sonne und lassen Sie Hoffnung in Ihr Herz und Ihre Seele. Der Tag hat gut begonnen.

Bei schlechtem Wetter oder schlechter Sicht auf die Sonne können Sie **die Morgendämmerung visualisieren (2)**.

3 **Dem Morgen begegnen** „Jede Seele muss der Morgensonne, der neuen süßen Erde und der Großen Stille alleine begegnen." OHIYESA (1858–1939)

4 **Die alten Wege** „Tretet hin an die Wege und schaut und fragt nach den Wegen der Vorzeit, welches der gute Weg sei, und wandelt darin, so werdet ihr Ruhe finden für eure Seele!" JEREMIA 6,16

5 **Zwei Blicke** Janus, der römische Gott des Anfangs und des Endes, ist ein passendes Symbol für neue Lebensabschnitte. Oft wird er mit zwei Gesichtern dargestellt: ein Kind, das in die Zukunft, und ein bärtiger alter Mann, der in die Vergangenheit blickt. Visualisieren Sie sich in einer Tür, an der Schwelle zu Ihrem neuen Vorhaben. Neben Ihnen steht Janus. Blicken Sie hinter sich auf das, was war, und bitten Sie den alten Janus, Sie an die wichtigsten vergangenen Lernerfahrungen zu erinnern. Schauen Sie dann nach vorne und bitten Sie den jungen Janus um positive Energie für die Zukunft. Machen Sie sich von seinem hoffnungsvollen Antrieb ermutigt auf Ihren Weg.

6   **Früher Widerstand** „Am Anfang widersteht man leichter als am Ende." LEONARDO DA VINCI (1452–1519)

7   **Blick nach vorne** „Wenn ich in die Zukunft blicke, sehe ich Aufgaben und Lösungen. Mit Kraft, Hoffnung und Glauben wage ich mich voran." MODERNE AFFIRMATION

8   **Leicht beginnen** „Das Leichte ist richtig. Beginne richtig und es ist leicht. Fahre leicht fort und es ist richtig." ZHUANGZI (CA. 369–286 V. CHR.)

9   **Abenteuerlust** Sehen Sie Ihr Leben als ein Abenteuer. Jeder Abschnitt Ihres Weges hat seine Herausforderungen. In Ihnen steckt alles, um diese zu meistern und aus ihnen zu lernen.

10 **Jetzt beginnen** „Auch wenn niemand zurückgehen und einen ganz neuen Anfang gestalten kann, so kann jeder jetzt beginnen und ein ganz neues Ende gestalten." ANONYM

11 **Angst überwinden** Der russische Schriftsteller Dostojewski schrieb: „Einen neuen Schritt zu machen, ein neues Wort auszusprechen, davor fürchten sich die Menschen am meisten." Wenn es Ihnen vor einem Neuanfang ähnlich ergeht, sind sie nicht allein. Denken Sie daran, dass auch andere ihre Ängste überwunden haben und wagen Sie sich mutig ins Ungewisse vor.

12 **Ein Rezept** „Beginne mit dem, was du kennst. Reife naturgemäß. Überlass dem Schicksal den Rest." ZHUANGZI (CA. 369–286 V. CHR.)

13 **Hindernisse** „Lange Zeit schien es mir so, als würde das Leben jeden Moment beginnen. Doch jedes Mal tauchte ein Hindernis auf, das man vorher noch überwinden musste. Schließlich erkannte ich, dass die Hindernisse das Leben waren." ANONYM

14 **Zum Weg werden** „Du kannst den Weg nicht gehen, wenn du nicht selbst zum Weg wirst." ZEN-WEISHEIT

15 **Mit den richtigen Fäden weben** Wir erfinden unser Schicksal am Webstuhl unserer besten Taten. Schätzen und pflegen Sie diesen Webstuhl. Werfen Sie jeden falschen Faden beiseite und weben sie ihn nicht in den Teppich Ihres Selbst.

16 **Weises Schicksal** Haben wir erst den wahren Weg gefunden, rollt sich das Schicksal vor uns aus wie ein roter Teppich.

17 **Gespräche mit dem Schicksal** Ein Gespräch mit unserem zukünftigen Selbst kann die Angst vor etwas Unbekanntem nehmen. Schließen Sie Ihre Augen und stellen Sie sich vor, dass Ihr achtzigjähriges Ich vor Ihnen steht. Von seinem beruhigenden Blick ermutigt stellen Sie sich ihm vor. Es erzählt Ihnen, dass es die Verkörperung Ihres Schicksals ist. Sie sprechen mit ihm und bitten es um Rat für Ihren weiteren Lebensweg. Nach dem Gespräch umarmt Sie Ihr zukünftiges Ich und flüstert Ihnen

Zuspruch ins Ohr, bevor es in die Ferne entschwindet. Von seinen Worten getröstet schreiten Sie mit mehr Zuversicht und Vertrauen in Ihre Zukunft.

18 Hinschauen „Schau und du wirst finden. Was nicht gesucht wird, bleibt unentdeckt." SOPHOKLES (CA. 496–406 V. CHR.)

19 Meditation bei zunehmendem Mond Nach keltischer Tradition ist der zunehmende Mond (von Neumond zu Vollmond) eine Zeit des inneren Wandels, in der wir ein geschärftes Bewusstsein für die Stimme der Seele besitzen. Meditieren Sie in dieser Zeit fünf Minuten lang über den Mond. Stellen Sie sich zu Beginn der Meditation Olwen, die Herrin des Mondes vor, die Ihnen dabei hilft, Ihre Seele sprechen zu lassen.

20 Der Weg des Lebens „Ich bin fest entschlossen, den Weg des Lebens in voller Breite und voller Länge zu gehen. Vielleicht verstecken sich wichtige Dinge im Gebüsch oder liegen unbeachtet am Wegesrand." MODERNE AFFIRMATION

DEN WEG FINDEN

21 **Um geistige Führung bitten** Manche glauben, dass jedem
Menschen geistige Führer beistehen – engelsgleiche Wesen aus
der geistigen Welt, die wir um Hilfe bitten können. Sprechen Sie
Ihre geistigen Führer an, um Kontakt aufzunehmen. Sprechen
Sie Ihre Frage laut oder in Gedanken aus, oder schreiben Sie sie
auf – ganz nach Gefühl. Seien Sie bereit für die Antwort – sie
kann sich Ihnen jederzeit offenbaren: spontan, in einem
Gespräch oder in einem Buch, das Sie zufällig zur Hand nehmen.

22 **Karte des Lebens** Diese Meditation hilft Ihnen bei Entscheidungen. Zeichnen Sie zuerst eine Karte der möglichen Wege
sowie jener Wege, die sich in Zukunft aus ihnen ergeben könnten. Schmücken Sie die Wege mit passenden Bildern oder
Symbolen. Meditieren Sie bei halbgeschlossenen Augen über die
Landkarte. Achten Sie darauf, ob Sie bestimmte Bilder anziehen
oder Ihnen neue Bilder einfallen, die alternative Wege vorschla-
gen. Lassen Sie sich von Ihrem inneren Orientierungssinn führen.

Sie können auch eine **Collage Ihrer Zukunft (23)** erstellen.
Durchblättern Sie Zeitschriften und denken Sie dabei: „Wohin

möchte ich gehen?" Schneiden Sie ansprechende Bilder aus, kleben Sie sie auf einen Karton und meditieren Sie darüber.

2 4 **Innerer Stern** Ihr innerer Stern schenkt Hoffnung und Rat. Setzen Sie sich bequem hin, schließen Sie Ihre Augen und berühren Sie mit Ihrem linken Zeigefinger knapp über Ihren Augen die Mitte Ihrer Stirn . Atmen Sie einige Male tief ein und aus und konzentrieren Sie sich auf die Wärme Ihres Fingers auf Ihrer Stirn. Visualisieren Sie an diesem Punkt einen hellen Stern, der Energie ausstrahlt. Das kann sich warm und prickelnd anfühlen. Konzentrieren Sie sich etwa fünf Minuten auf Ihren Stern. Lassen Sie sich von ihm mit neuer Hoffnung und neuem Sinn erfüllen.

Wenn Sie eine **bestimmte Frage (25)** haben, stellen Sie diese leise, während Sie sich auf den Stern konzentrieren. Die Antwort zeigt sich sofort oder auch erst später in Worten oder Bildern.

2 6 **Innerer Kompass** Auf unserem Weg hilft es uns zu wissen, nach welcher Art von Erfahrung wir streben – die Richtung unseres inneren Kompasses, unser spiritueller Sinn. Wenn wir diesen in einem bestimmten Ziel sehen, etwa in einer Beziehung oder einem Job, fühlen wir uns verloren, wenn wir es nicht ereichen. Wenn wir aber erkennen, dass wir nach einer tiefen Erfahrung wie einer engen Bindung oder nach kreativer Erfüllung streben, statt nach einem bestimmten Ziel, können wir unseren Sinn auch in alternativen Wegen finden. Eine Meditation zum Polarstern kann dabei helfen. Betrachten Sie ihn und fragen Sie: „Nach welcher Erfüllung suche ich?" Lassen Sie die Antworten zu sich kommen.

27 Vogelzug Jedes Jahr im Herbst fliegen Vogelschwärme aus der nördlichen Hemisphäre in den wärmeren Süden. Die Vögel orientieren sich mithilfe eines inneren Kompasses aus winzigen Magnetitkörnchen in ihren Gehirnen. Wenn sie rasten, kalibrieren sie ihre Kompasse anhand der Sterne nach, mit dem Wissen, dass der magnetische Norden 1600 Kilometer vom Nordpol entfernt liegt. Ist die Rast zu kurz, können die Vögel die Orientierung verlieren. So besitzen auch wir Menschen ein inneres Gespür, das uns hilft, unseren Weg im Leben zu finden. Aber wenn wir uns nicht jeden Tag etwas

Zeit für uns nehmen, um in uns zu gehen und uns neu zu orientieren, können auch wir von unserem Weg abkommen.

28 **Das Orakel befragen** Jeder von uns kann sein inneres Orakel um Rat bitten. Stellen Sie sich vor, dass Sie einen dunklen Raum betreten. Ihr Orakel – eine weise Frau – sitzt an einem Tisch. Sie schildern ihr Ihr Dilemma. Dann ziehen Sie drei magische Karten aus dem vor ihr liegenden Kartenfächer und legen sie verkehrt herum auf den Tisch. Das Orakel dreht die Karten, deren Bilder und Worte Ihre Situation widerspiegeln, um. Es wird wieder heller im Raum und Sie erkennen, was Sie als nächstes tun müssen. Sie bedanken sich und verlassen den Ort.

29 **Suchen** „Tritt nicht in die Fußstapfen der alten Meister, aber suche, was sie suchten." BASHO (1644–1694)

30 **Am Weg bleiben** „Ich werde meinen Weg weise aus allen Möglichkeiten wählen und ihm unbeirrt folgen." MODERNE AFFIRMATION

31 Gottes Gnade „Gottes Wind der Gnade weht ohne Unterlass. Faule Segler auf dem Meer des Lebens nutzen ihn nicht. Aber die Aktiven und die Starken halten die Segel ihres Geistes stets gehisst, um den günstigen Wind zu erwischen und so ihr Ziel sehr bald zu erreichen." MAHATMA GANDHI (1869–1948)

32 Der Geist des Urwalds Für die keltischen Schamanen ist der Urwald ein Sinnbild für unsere Welt. Der Schamane wandelt dort in seiner Vorstellung und sammelt Wissen, das er in der Realität anwenden kann. Stellen Sie sich vor, wie Sie im Urwald an einer Kreuzung mehrerer Pfade stehen und unsicher sind, welchen Sie wählen sollen. Bitten Sie den Geist des Urwalds, Ihnen den richtigen Weg zu zeigen. Machen Sie nun die ersten Schritte auf diesem Weg – erst in Ihrer Vorstellung, dann in der Realität.

33 Wegweiser des Herzens „Sprache und Brauch sind mir fremd. Selbst die Wegweiser des Herzens tragen unterschiedliche Sprachen und Zeichen. Doch sie zeigen alle in dieselbe Richtung: Ich weigere mich, verlorenzugehen." MODERNE AFFIRMATION

34 **Am Scheideweg** Sie wissen erst dann, wohin Sie gehen, wenn Sie den Weg kennen, der Sie an Ihren jetzigen Punkt gebracht hat. Stellen Sie sich an einer Weggabelung vor. Folgen Sie im Geiste dem Weg, der Sie hierher geführt hat. Betrachten Sie ihn wertfrei und beurteilen Sie die Mühen und Umwege nicht. Sie können den Pfad der Vergangenheit nicht ändern, aber Sie können nun in eine neue Richtung gehen. Wählen Sie Ihren Weg und reisen Sie zuversichtlich weiter.

35 Der kürzeste Weg „Geh immer den kürzesten Weg. Der kürzeste Weg ist der naturgemäße." Marc Aurel (121–180)

36 Ein Weg, auf den man stolz sein kann All unsere Worte und Taten wirken sich auf die Außenwelt aus – auch wenn wir dabei ganz alleine sind. Versuchen Sie, ein Leben zu führen, auf das Sie stets zufrieden zurückblicken können – und das auch anderen ein sinnvolles Vorbild sein kann.

37 Freie Wege Ihr Weg gehört nur Ihnen und wird daher geliebt. Lernen Sie, auch die Wege anderer zu lieben, damit Ihre Liebe für Sie selbst nicht Ihre Liebe für die anderen überschattet.

38 Zeichen deuten Alle Ereignisse und Personen in Ihrem Leben erscheinen aus einem bestimmten Grund. Lassen Sie in Ihrer abendlichen Meditation den Tag wie einen Film vor Ihrem inneren Auge Revue passieren. Halten Sie bei für Sie wichtigen Momenten den Film an und lassen Sie tiefere Bedeutungen erscheinen, wie Bezüge zu anderen Aspekten Ihres Lebens.

Lassen Sie dieses tiefere Wissen über Ihr Leben in zukünftige Entscheidungen miteinfließen.

39 **Eine Spur hinterlassen** „Gehe nicht den Pfad entlang, sondern geh dort, wo kein Pfad ist und hinterlasse eine Spur." RALPH WALDO EMERSON (1803–1882)

40 **Lichtkugel** Auch wenn wir oft intuitiv weise sind, folgen wir eher dem Verstand, weltlichen Trieben oder den Vorstellungen anderer. Wenn Sie in Ihrem Herzen die leise Stimme der Intuition vernehmen, hören Sie auf ihren Rat. Sollte die rationale Logik dem widersprechen, so stellen Sie sich eine Kugel aus Licht vor, die ihren Verstand von Ihrem Herzen aus mit Wahrheit erfüllt und Ihnen das richtige Vorgehen zeigt.

41 **Schicksalsfragen** Entscheidet unser Schicksal über die Wahl unserer Entscheidungen? Was ist Schicksal überhaupt, wenn nicht unsere Entscheidungen? Meditieren Sie über diese Frage wie über einen japanischen Koan – eine paradoxe Frage.

42   **Haus am Vesuv** Manchmal müssen wir im Leben Risiken eingehen. Wir alle haben Häuser auf den Hängen des Vulkans Vesuv.
Dort pflegen wir unsere zauberhaften Gärten.

43   **Transformation** „Ihr sucht zu sehr nach Information und zu
wenig nach Transformation." Shirdi Sai Baba (1856–1918)

44   **Nicht wissen** Nichts im Leben ist sicher – wir schweben in der
Leere des Nichtwissens. Die Ungewissheit
belastet uns; wir erkennen dadurch vielleicht nicht das volle Potenzial unseres Lebens. Wir klammern uns an
die Illusion der Sicherheit, die uns
die Gewohnheit gibt. Für ein
erfülltes Leben müssen wir unsere
Augen öffnen und die Angst vor
dem Unbekannten akzeptieren. Wir
müssen dem Glück eine Chance geben
und hin und wieder Risiken eingehen.

45   **Loslassen** Diese Meditation lindert die Angst, wenn wir nicht wissen, wohin unser Lebensweg führt. Schließen Sie Ihre Augen und stellen Sie sich vor, wie Sie einen Fluss entlang rudern. Sie versuchen, einen geraden Kurs zu halten, kämpfen jedoch plötzlich gegen starke Strömungen an. Sie können das Boot nicht mehr steuern und lassen es einfach treiben. Erstaunlicherweise kracht das Boot nicht ans Ufer, sondern wird von der Strömung getragen und Sie können die Fahrt genießen. Übertragen Sie diese Haltung in Ihren Alltag. Lassen Sie Ihr Bedürfnis, Ihr Leben steuern zu wollen, los. Manches liegt jenseits Ihrer Kontrolle. Mit dem Loslassen kehrt ein stärkeres Gefühl des Friedens ein.

46   **Gott vertrauen** „Vertraue darauf, dass Gott deinen Faden ins große Netz webt, auch wenn sich das Muster noch nicht zeigt." GEORGE MACDONALD (1824–1905)

47   **Im Dunkeln wandeln** „Wenn ein Mann der Straße sicher sein will, auf der er wandelt, muss er die Augen schließen und im Dunkeln wandeln." JOHANNES VOM KREUZ (1542–1591)

HÖHEN UND TIEFEN

53 **Der Weg hinab** „Meine Reise führt tief in mich hinein, über tausend Leitern abwärts. Mit jedem Schritt nach unten erweitert sich mein Horizont." MODERNE AFFIRMATION

54 **Ströme des Verdienstes** „Sobald ich mich für den Weg in die Erleuchtung entschlossen habe, auch wenn ich manchmal erschöpft oder abgelenkt werde, fließen aus dem Himmel die Ströme des Verdienstes." SHANTIDEVA (7. JAHRHUNDERT)

55 **Innere Suche** Stellen Sie sich vor, Sie gehen auf eine befestigte Stadt zu. Sie passieren die Tore und wandern durch ein Labyrinth aus engen Straßen, bis Sie an einen ruhigen, belaubten Platz gelangen. Wenn die Reise des Lebens schwierig erscheint, soll Sie diese Meditation darin bestärken, dass Sie durch Ihre innere Suche eines Tages Frieden finden werden.

56 **Lebensritt** „Ich reite durch die Turbulenzen meines Lebens. Ich will nicht die Gesetze der Natur zähmen, nur um beweisen zu können, dass ich auch auf einem wilden Pferd im Sattel sitzen kann." MODERNE AFFIRMATION

57 **Wellen des Schicksals** Diese Visualisierung hilft uns, die Herausforderungen des Lebens leicht und anmutig zu meistern. Sie sind ein Surfer, der sich auf eine große Welle vorbereitet. Im Angesicht der auf Sie zukommenden Welle springen Sie auf Ihr

Surfbrett. Sie reagieren auf das Wasser unter Ihnen und richten Ihr Surfbrett auf die Welle aus. Sie reiten hoch auf ihr und spüren den Kick, wenn der Wind Ihr Haar zerzaust und die kalte Gischt Ihre Haut benetzt. Stellen Sie sich nun vor, wie Sie sicher am Strand ankommen. Freuen Sie sich über Ihr Erfolgserlebnis.

58 **Jason und das goldene Vlies** Jason und seine Suche nach dem goldenen Vlies von Kolchis kennt man aus der griechischen Heldensage. Auf ihrer Seereise begegnen Jason und seine fünfzigköpfige Besatzung vielen Hindernissen, die sie mit Mut, Verstand und der Hilfe von Menschen und Göttern überwinden. Stellen Sie sich den Herausforderungen Ihres Lebens auf ähnliche Weise. Umgeben Sie sich mit anderen tapferen Seelen, die Sie auf Ihrem Weg begleiten. Nehmen Sie die Hilfe von anderen und die Geschenke der Götter (günstige Ereignisse) an.

59 **Radar der Seele** „Meine Intuition ist der empfindsame Radar der Seele. Mit ihrer Hilfe kann ich in jedem Sturm den rechten Kurs halten." MODERNE AFFIRMATION

60 **Sturm der Gefühle** Auf Ihrer Lebensreise können Sie unruhige Gefühle vom Kurs abbringen. Meditieren Sie dann in Ruhe und seien Sie sich des Sturms gewahr. Beobachten Sie die negativen Gedanken und Gefühle, die Sie wie Wellen überfluten. Begegnen Sie ihnen mit Akzeptanz. Wenn Sie die Turbulenzen beobachten, statt sich mit ihnen zu identifizieren, begeben Sie sich ins stille Zentrum des Sturms. Von hier aus sehen Sie, wie er dem blauen Himmel des ruhigen Geistes allmählich Platz macht.

61 **Aufstehen** „Unser größter Ruhm liegt nicht darin, nie zu fallen, sondern immer wieder aufzustehen, wenn wir gescheitert sind." KONFUZIUS (551–479 V. CHR.)

62 **Der Sinn von Fehlern** Fehler sind Lehrer und Führer. Von ihnen lernen wir Mitgefühl für menschliche Schwächen; sie zeigen uns den Weg, dem wir folgen müssen.

63   **Schule des Lebens** „Mein Ziel im Leben ist es, aus meinen Erfahrungen zu lernen, nach dem Gelernten zu handeln und es durch mein Beispiel mit anderen zu teilen." MODERNE AFFIRMATION

64 **Nützliche Fehler** Ein altes Sprichwort besagt: „Wer noch nie einen Fehler gemacht hat, hat überhaupt noch nie etwas gemacht." Denken Sie über vergangene Fehler nach: Was haben Sie gelernt und wie haben diese Erfahrungen Ihr Leben geprägt?

65 **Erfahrungen teilen** Wie ein Schwarm Fische, der als Einheit im Meer schwimmt, verbindet die Menschen ein gemeinsames Schicksal. Ziehen Sie auf der Suche nach Ihrem Lebensweg Kraft aus dem Wissen, dass sich auch alle anderen auf einer Reise befinden. Sie sind nie ganz allein.

66 **Schritt für Schritt** Üben Sie diese Meditation, wenn Sie die Angst lähmt und Ihr Leben stagniert. **1** Stellen Sie sich in die Mitte eines Raums, schließen Sie Ihre Augen und visualisieren Sie vor sich die Ursache Ihrer Angst. **2** Lenken Sie Ihre Aufmerksamkeit in Ihren Körper. Wie fühlen Sie sich? Atmen Sie tief und kämpfen Sie nicht gegen Ihre Gefühle an. **3** Wenn Sie sich wohler fühlen, machen Sie einen Schritt auf die Ursache Ihrer Angst zu. **4** Wiederholen Sie die Schritte 2 und 3, bis Sie durch allmähliche

Gewöhnung die Hindernisse überwinden, die Sie an Ihrem Vorankommen hindern.

67 **Lichtblicke** Selbst in der tiefsten Dunkelheit findet sich meist ein winziger Hoffnungsschimmer. Visualisieren Sie diese Hoffnung als nadelfeinen Lichtstrahl, der das Dunkel durchbricht. Gehen Sie im Geiste auf das Licht zu, das dabei immer stärker wird. Nutzen Sie dieses Licht, um den Glauben daran zu festigen, dass mit der Zeit alles erträglicher wird.

68 **Göttliche Boten** Spirituell gesehen helfen uns unsere Probleme, das Bewusstsein zu erweitern. Wenn wir sie so betrachten, können wir den Verursachern dieser Probleme wohlwollender begegnen – sie sind nur die Boten und Teil eines übergeordneten Plans.

69 **Friedenspfad** „Der ausgetretene Pfad ist angenehm und leicht, führt aber nirgendwohin. Der weniger bereiste Pfad ist steinig und schwer, führt mich aber zum Frieden." MODERNE AFFIRMATION

70   **Der wahre Segen** „Unser wahrer Segen erscheint uns oft in Form von Schmerzen, Verlusten und Enttäuschungen; haben wir also Geduld, dann werden wir ihm bald in seiner wahren Gestalt begegnen." JOSEPH ADDISON (1672–1719)

71   **Schutzengel** Viele Gläubige berichten von Begegnungen mit Engeln: mystischen Wesen, die sie vor Gefahren retten. In dieser Meditation lernen Sie Ihren Engel kennen, damit Sie ihn in der Not rufen können. Zünden Sie eine Kerze an, um das Licht des Engels in Ihrem Leben willkommen zu heißen. Setzen Sie sich vor die Kerze und legen Sie Ihre Hände geöffnet in den Schoß. Diese Haltung zeigt Ihre Bereitschaft, göttliches Eingreifen zu akzeptieren. Schließen Sie die Augen und atmen Sie ein paarmal tief durch, um Ihren Körper zu entspannen. Bald spüren Sie eine Präsenz hinter sich, die Wärme und Trost ausstrahlt. Fühlen Sie sich von ihr eingehüllt. Tanken Sie Kraft aus dem Gefühl der Sicherheit.

Verhaltens-
weisen

POSITIVE SICHTWEISEN

72 **Positiv denken** Meditation hilft uns dabei, unsere Gedanken aus neutraler Sicht zu betrachten, anstatt uns mit ihnen zu identifizieren. So können wir unsere Denkmuster ständig beobachten. Wenn Sie negative Gedanken bemerken, betrachten Sie diese wertfrei, bevor Sie sie durch positivere Gedanken ersetzen.

73 **Der Fisch im Schlamm** „Lebe wie ein Fisch, der auch im Schlamm noch silbern glänzt." RAMAKRISHNA (1836–1886)

74 **Energetisierung** Schließen Sie Ihre Augen. Stellen Sie sich vor, wie reinigendes Quellwasser über Ihren Scheitel tief in Ihr Wesen hineinfließt und durch Ihre Füße wieder hinaus. Das Wasser enthält positive Ionen, geladen mit der Energie des Könnens. Sie ersetzen alle negativ geladenen „Nichtkönnen"-Ionen. Nach der Meditation fühlen Sie sich frisch und bereit für gute Taten.

75 **Affirmationen** Eine Affirmation ist eine einfache, positive „Ich bin"-Aussage (z. B. „Ich bin ein mitfühlendes Lichtwesen"), die das Selbstbewusstsein und das Selbstgefühl stärkt. Unser

Selbstwertgefühl gleicht die negativen Botschaften aus, die wir uns oft vermitteln. Formulieren Sie eine persönliche Affirmation, die Eigenschaften beinhaltet, die Sie an sich kennen, aber auch solche, die Sie in Zukunft gerne erlangen wollten. Meditieren Sie über Ihre Affirmation, indem Sie sie wie ein Mantra hundertmal am Tag wiederholen. Stellen Sie sich dabei vor, wie die Worte wie ein Bohrer in Ihr Unterbewusstsein dringen. Beobachten Sie, wie negative Glaubenssätze wie Sägespäne aus den Bohrlöchern fliegen und durch die positiven Gedanken Ihrer Affirmation ersetzt werden.

76 **Heller Ausblick** „Ein einziger milder Regen macht das Gras um viele Nuancen grüner. So erhellt sich auch unser Ausblick unter dem Einfluss besserer Gedanken." HENRY DAVID THOREAU (1817–1862)

77 **Nicht persönlich nehmen** Wer jedes Ärgernis als persönlichen Angriff auffasst, dem fehlt oft der Glaube an sich selbst. Wenn Sie paranoide Schlüsse ziehen, hinterfragen Sie deren Logik.

Macht der Bauarbeiter vor dem Haus wirklich nur Lärm, um Sie zu ärgern oder macht er bloß seinen Job? Wenn wir Ärgernisse nicht mehr auf uns selbst beziehen, bleiben sie zwar unangenehm, aber wir reagieren weniger gefühlsbetont auf sie.

78   Problemballon „Ich lasse nicht zu, dass sich meine Probleme in mir ausdehnen wie ein Ballon und mein Selbstbild verzerren. Ich arbeite an ihnen. Der Ballon schrumpft zusammen. Ich bleibe in meiner Ganzheitlichkeit erhalten." MODERNE AFFIRMATION

79   Regentropfen „Die Regentropfen prasseln auf das Bananenblatt; aber sie sind nicht Tränen der Trauer; sondern der Kummer dessen, der ihnen lauscht." ÖSTLICHES SPRICHWORT

80   Der Schild des Perseus Hartnäckige Probleme können zu einem Gefühl der totalen Hilflosigkeit führen. Die Sage des griechischen Helden Perseus lehrt uns einen Weg, um solche Gefühle zu überwinden. Perseus' Problem wird von der schlangenköpfigen Gorgone Medusa verkörpert, deren Anblick jeden zu Stein erstarren lässt. Perseus tötet Medusa, indem er sie über die Reflektion in seinem Schild ansieht. Auch wir können unsere Probleme bewältigen, indem wir sie indirekt betrachten.

81 Schöne Dinge „Ich habe noch nie in meinem Leben etwas Hässliches gesehen: Denn welche Form ein Gegenstand auch haben mag – Licht, Schatten und Perspektive machen ihn immer schön." JOHN CONSTABLE (1776–1837)

82 Globaler Blick Wenn man Probleme in einem größeren Kontext sieht, sind sie leichter zu ertragen. Stellen Sie sich vor, wie Sie die Erde in einer Rakete umkreisen. Satelliten übertragen Bilder aus der ganzen Welt auf Ihren Bildschirm: Getreidebauern bei der Ernte in Kanada, Arbeiter in den Straßen von Tokio, Elefanten in Afrika. Beim Betrachten der Dinge werden Ihre Ängste kleiner und erscheinen auf globaler Ebene unbedeutend.

83 Vogelperspektive In dieser Meditation betrachten Sie eine schwierige Situation von oben. Stellen Sie sich vor, Ihre Arme sind

Flügel. Erheben Sie sich in die Lüfte. Sie blicken auf Ihr Problem herab und sehen es in einem neuen Licht. Vor dem Panorama wirkt es viel kleiner als zuvor. Sie erkennen neue Aspekte: die Rolle anderer Menschen, andere Ansichten, die Ursachen, sogar Lösungen. Mit den neuen Einsichten kehren Sie zur Erde zurück und können sich Ihrem Problem stellen.

84 **Neue Perspektive** Eine neue Sicht auf ein Problem kann Ihnen bei seiner Lösung helfen. Visualisieren Sie zuerst detailliert die Situation. Wählen Sie dann eine neue Perspektive, indem Sie den Hintergrund in den Vordergrund rücken und umgekehrt. Wie hat sich Ihre Auffassung der Situation geändert?

Sie können es auch in einem **anderen Licht (85)**, aus einem **anderen Blickwinkel (86)** oder aus der **Sicht einer anderen Person (87)** betrachten.

88 **Wachsendes Glück** Jeder Gedanke, den wir haben, jedes Bild, das wir erschaffen, sind Samen unserer Zukunft. Um glücklich sein zu können, müssen wir uns selbst glücklich sehen. Stellen Sie sich das Glück zuerst vor. Fragen Sie sich, was es für Sie auf geistiger, emotionaler und spiritueller Ebene bedeutet. Stellen Sie sich nun von innen heraus glücklich vor. Wie fühlt es sich an? Wie verhalten Sie sich? Wie reagieren andere auf Sie? Wenn Sie diesen glücklichen Zustand im Geiste geübt haben, leben Sie ihn den ganzen Tag in Ihren Gedanken, Gefühlen und Taten aus.

Manifestieren Sie mit dieser Übung auch Zustände und Eigenschaften wie **Frieden (89)** oder **Liebe (90)** in ihrem Leben.

91   **Brahmas Beispiel** Der Schöpfergott Brahma ist einer der drei Hauptgötter des Hinduismus. Man glaubt, dass Brahma die Welt beim Meditieren erschaffen hat. Denken Sie über Ihre eigene Welt nach. Wie prägen Ihre Gedanken Ihre Realität? Meditieren Sie nun über Ihr Leben, wie Sie es sich wünschen.

92   **Den Träumen nach** „Gehe vertrauensvoll in die Richtung deiner Träume! Führe das Leben, das du dir vorgestellt hast. Wenn du dein Leben vereinfachst, werden auch die Gesetze des Lebens einfacher." HENRY DAVID THOREAU (1817–1862)

AKZEPTANZ

93 **Blinde Gerechtigkeit** Wenn uns etwas Schlimmes widerfährt, suchen wir oft Schuld – bei uns oder einem anderen. Halten Sie dagegen, indem Sie über das Bild der blinden Gerechtigkeit meditieren. Mit ihrer Waage, ihrem Schwert und ihren verbundenen Augen erinnert sie uns daran, dass die Realität aus spiritueller Sicht gesehen immer gerecht ist – alles geschieht aus einem bestimmten Grund, auch wenn wir ihn noch nicht erkennen. So können wir Ereignisse leichter akzeptieren, wie sie sind.

94 **Anpassung** „Ein Weiser passt sich den Umständen an, so wie Wasser die Form seines Gefäßes annimmt." CHINESISCHES SPRICHWORT

95 **Akzeptanz der Schwerkraft** Die Angst vor unüberwindbaren Hindernissen rührt oft daher, dass man diese doch für überwindbar hält und es als ein Scheitern empfindet, wenn man sie nicht überwinden kann. Man verschwendet seine Energien auf der Suche nach einer Lösung, die es nicht gibt, und fühlt sich schließlich wie ein Versager. Der Mensch kann nicht fliegen, also versuchen Sie es erst gar nicht.

96 **Annehmen, was ist** „Lerne zu wünschen, dass alles so geschieht, wie es geschieht." EPIKTET (55–CA. 135)

97 **Blattadern** Die feinen Adern, die sich vom Stiel eines Blattes ausbreiten, zeigen die unzähligen Wege, die ein Leben verlaufen kann. Denken Sie mithilfe dieses Bildes über Ihr Leben nach und verfolgen Sie Ihren Weg zurück zum Stamm. Erkennen Sie, wie Ihre Entscheidungen Sie zu dem gemacht haben, der sie heute sind. So können Sie leichter akzeptieren, dass Sie jede Erfahrung etwas Neues gelehrt und Sie auf Ihrer Reise weitergebracht hat.

98 **Achillesferse** Wir alle haben unsere Schwächen, egal, wie stark wir uns fühlen. Wenn wir unsere Grenzen nicht erkennen, kann das ernste Konsequenzen haben. So erging es auch Achilles, dem „unbesiegbaren", trojanischen Helden, der durch einen Pfeil in seinen Knöchel – seine einzige Schwachstelle –

getötet wird. Denken Sie an Ihre eigene Achillesferse. Welche Gefühle wecken Ihre Schwächen? Beobachten Sie Ihre Gefühle – vielleicht können Sie Ihre Schwächen allmählich akzeptieren.

99 Ein ruhiger Geist „Der Geist wird ruhig, wenn er Freude mit Freundlichkeit begegnet, Elend mit Mitgefühl, Tugend mit Frohsinn und Irrtum mit Gleichmut." PATANJALI (2. JAHRHUNDERT V. CHR.)

100 Dem Karren nach Uns Menschen geht es wie einem Hund, der vor einen Karren gespannt ist: Die Realität lässt uns ein gewisses Maß an freier Hand, aber verhindert, dass wir laufen, wohin wir wollen. Wenn wir gegen Ereignisse ankämpfen, über die wir keine Macht haben, verstärkt das nur unser Leid. Dann ist es nur weise, sich dem Schicksal zu ergeben.

101 Erste und letzte Schritte „Der Weisheit erster Schritt ist: alles anzuklagen, der letzte: sich mit allem zu vertragen." GEORG CHRISTOPH LICHTENBERG (1742–1799)

DEMUT

102 **Demutsgebet** Zur Demut gehört die Erkenntnis, dass wir Teil eines größeren Ganzen sind. Um das Bewusstsein dafür zu schärfen, schließen Sie Ihre Augen für ein kurzes Gebet. Bitten Sie darum, offen für die Präsenz des universellen Geistes zu werden.

Sie können auch **eine demütige Haltung (103)** einnehmen, indem Sie mit gesenktem Kopf und gefalteten Händen knien.

104 **Himmlisches Licht** „Wie die Dunkelheit offenbart auch die Demut das himmlische Licht." Henry David Thoreau (1817–1862)

105 **Krönungen** „Perfekte Menschen hinterlassen keine Spur ihrer Taten", sagt der taoistische Philosoph Zhuangzi. Alle Tugenden werden von ihrer eigenen Demut gekrönt.

106 **Am Brunnen** Denken Sie an Ihre Bedürfnisse. Stellen Sie sich vor, dass jeder Mensch auf der Welt einen Platz in einer Schlange bekommt. Sie führt zu einem magischen Brunnen, der die Bedürfnisse jedes Einzelnen stillt. Sie stehen am Ende der Schlange. Von dort aus sehen Sie all die ehrenwerteren Menschen

vor Ihnen. Jeden Schritt machen Sie mit Freude, denn die ehren-
werteste Person erhält ganz vorne nun ihren Heiltrank.

107 **Das Gute verbergen** „Ich werde das Gute verbergen, das ich
anderen bereitet habe, und das Gute preisen, das mir andere
getan haben." ALI, ERSTER IMAN DES SCHIA-ISLAMS (CA. 600–661)

108 **Nachtmeditation** Eine klare Nacht ist perfekt für eine Sternen-
himmel-Meditation. Legen Sie sich im Freien auf den Rücken,
sodass Sie bequem den Himmel betrachten können. Wenn Sie zur
dunklen Weite hochblicken, öffnen Sie Ihr Herz für die
Unermesslichkeit des Kosmos. Fühlen Sie die Demut angesichts
des Himmels, der so schön, geheimnisvoll und allumfassend ist.
Im Kontext des Universums sind unsere Leben nur Augenblicke.

109 **Perfekter Glaube** „Den perfekten Glauben hat jener, der sich
in der größten Not seiner Gefühle und Wünsche, ohne Feuer und
Ziel, erdrückt von dunklen Gedanken an Gott wendet und sagt:
‚Du bist meine Zuflucht.'" GEORGE MACDONALD (1824–1905)

BEWEGGRÜNDE UND WÜNSCHE

110   **Entscheidung** „Ich richte meine Aufmerksamkeit nach innen auf das Drängen verborgener Wünsche. In klarer Selbsterkenntnis bin ich nun frei, zu entscheiden." MODERNE AFFIRMATION

111   **Aus dem Selbst heraus handeln** „Befreie dich vom Ich und handle aus dem Selbst heraus." ZEN-WEISHEIT

112   **Meer der Motivation** Manchmal scheinen wir von Kräften getrieben, die wir nicht verstehen. Diese Visualisierung hilft Ihnen dabei, die unbewussten Beweggründe bewusster zu machen. Stellen Sie sich vor, Sie tauchen tief ins Meer. In der Dunkelheit erkennen Sie die Silhouette eines Schiffswracks. Sie schwimmen durch ein Bullauge in das Wrack hinein. In einer Ecke sehen Sie einen Messingschlüssel im Schloss einer hölzernen Truhe glitzern. Sie öffnen die Truhe . Was befindet sich darin? Was sagt der Inhalt über die Impulse aus, die Sie antreiben?

113   **Werden, was wir anbeten** „Ein Mensch wird etwas anbeten, zweifellos. Wir glauben, unser Tribut wird im Geheimen in den dunklen Winkeln unseres Herzens bezahlt, aber er wird offenbar. Was unsere Fantasie und unser Denken dominiert, bestimmt unser Leben und unseren Charakter. Daher müssen wir das Objekt unserer Begierde mit Bedacht wählen, denn was wir verehren, werden wir." RALPH WALDO EMERSON (1803–1882)

114 **Leidenschaft ausdrücken** Leidenschaft ist totale Begeisterung: ein Gefühl für das Unverzichtbare in der Welt und in Ihrem Leben. Fragen Sie sich, welche Leidenschaften Sie haben – vielleicht eine Aufgabe in Ihrer Gemeinde oder die Liebe zur Natur. Stellen Sie sich vor, dass Sie verschiedene Annehmlichkeiten zugunsten einer Ihrer Leidenschaften aufgeben müssen. Wenn Sie das tun, findet zu Ihren Ehren eine Dankbarkeitsfeier statt. Verfassen Sie eine passende Rede, in der Sie Dankbarkeit für die Früchte Ihrer Leidenschaft ausdrücken (die Möglichkeit, Ihrer Stadt zu dienen, oder der Reichtum der Natur).

115 **Das innere Feuer schüren** Direkt hinter dem Nabel liegt das gelbe *Manipura-Chakra*. (Die *Chakren* sind die sieben

Energiezentren des Körpers.) Das *Manipura-Chakra* verbindet uns mit der Energie der Sonne und wird dem Element Feuer zugeordnet. Als Quelle der Willenskraft liefert es uns Antrieb für unser Handeln. Eine Meditation über das *Manipura-Chakra* stärkt die Willenskraft und Motivation. Visualisieren Sie eine gelbe Kugel, die sich hinter Ihrem Nabel dreht. Wenn Ihnen das schwerfällt, ist Ihr *Manipura-Chakra* möglicherweise blockiert. Legen Sie beide Hände übereinander auf Ihren Nabel und fahren Sie mit der Visualisierung fort. Das sollte die Energieblockaden lösen, sodass sich die Kugel wieder drehen kann.

116 **Die Bedeutung unserer Sehnsucht** „Die Bedeutung eines Menschen liegt nicht in dem, was er erreicht, sondern in dem, was er zu erreichen sehnt." KHALIL GIBRAN (1883–1931)

117 **Stein im Fokus** Ein Kieselstein kann als Talisman für Ihre Ambitionen und Ziele dienen. Halten Sie den Stein in Ihrer Hand und konzentrieren Sie sich auf ihn. Betrachten Sie die Struktur und Farbe seiner Oberfläche und spüren Sie seine kühle Härte. Schließen Sie nun Ihre Augen, drücken Sie den Stein fest in einer Hand und wünschen Sie sich die Erfüllung eines Traums oder Ziels. Stellen Sie sich dabei vor, wie der Stein in Ihrer Hand zu glühen beginnt – aufgeladen mit der Energie Ihres Wunsches. Legen Sie den Stein an einen Ort, an dem Sie Ihn jeden Tag sehen können, damit er Sie an Ihr Ziel erinnert

Immer, wenn Sie sich Ihrem Ziel nähern und mehr Kraft brauchen, drücken Sie den Stein in Ihrer Hand, um die Energien zu beschwören und Ihren Geist zu fokussieren.

Sie können auch auch andere Dinge als Talisman verwenden – **Edelsteine oder Kristalle (118)**, einen **Anhänger (119), ein Spielzeug oder eine Puppe (120)**.

121   **Wichtige Ziele** „Ich kann jedes selbst gesetzte Ziel erreichen, wenn ich meine Ziele klug wähle. Ich widme mich jenen Zielen, die wirklich wichtig sind." MODERNE AFFIRMATION

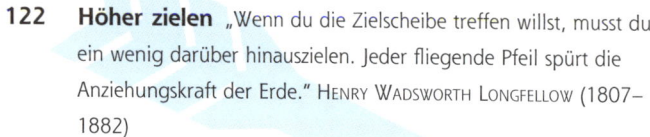

122 Höher zielen „Wenn du die Zielscheibe treffen willst, musst du ein wenig darüber hinauszielen. Jeder fliegende Pfeil spürt die Anziehungskraft der Erde." HENRY WADSWORTH LONGFELLOW (1807– 1882)

123 Ins Schwarze treffen Der Zen-Meister Zhuangzi sagte, dass der Erfolgsdruck einen Bogenschützen seiner Kraft berauben kann. Indem wir uns darauf konzentrieren, was wir tun, sind wir gleichzeitig achtsam und spontan. Wir denken nicht mehr an das Gewinnen und Verlieren und können unseren Willen deutlich und wirkungsvoll einsetzen. Spannen Sie Ihren Bogen unabängig vom Ziel. Ob Sie ins Schwarze treffen oder nicht, hängt davon ab, wie erfolgreich Sie sich von der Angst befreien können.

124 Am Waldrand „Am Rand des Waldes lebe froh und wunschlos." BUDDHA (CA. 563–CA. 460 V. CHR.)

125 Saturn gegen Jupiter In der Astrologie gilt der Saturn als

Planet der Zurückhaltung, der Verantwortung und der Selbstdisziplin, während der Jupiter der Planet der Ausdehnung, des Wachstums, der Spontanität und der Kreativität ist. Unser Leben benötigt ein Gleichgewicht: zu viel Saturn verhindert die volle Entfaltung unseres kreativen Potenzials; zu viel Jupiter lässt uns übergroß und unverantwortlich in unserem Ehrgeiz werden. Meditieren Sie über den Planeten, an dessen Einflüssen es Ihnen mangelt. Visualisieren Sie entweder den kalten, grauen Saturn mit seinen sieben Ringen oder den riesigen, roten Jupiter.

126 **Grenzen** „Die Maßlosigkeit hat Grenzen, die Selbstbeherrschung nicht." MAHATMA GANDHI (1869–1948)

127 **Unvollkommen** „Ich strebe nicht nach Perfektion, nur danach, mein Bestes zu geben. Sind andere besser, bewundere ich sie neidlos und versuche, mich zu verbessern." MODERNE AFFIRMATION

128 **Überlegenheitskomplex** Wer sich für besser als andere hält, fürchtet insgeheim, dass er schlechter ist.

entfernte Burg zuwandern. Dort möchten Sie hin. Um Ihren Bauch ist ein Seil gebunden. Sie ziehen damit eine Kiste, in der sich die Essenz Ihrer Bindung befindet. Die Kiste ist schwer und macht Sie träge. Sie nehmen ein Messer und durchtrennen das Seil. Es ist Ihre Entscheidung, die Kontrolle über die Gewohnheit zu haben. Der Schnitt ist ein Wendepunkt. Ihre Reise wird ohne diese Last viel einfacher sein.

133 **Goldene Vögel** Stellen Sie sich zwei goldene Vögel auf einem Baum vor. Der erste Vogel frisst die süßen und sauren Früchte. Der zweite sieht ihm nur zu. Wenn wir uns für den ersten Vogel (das Ego) halten, fühlen wir uns unfrei und leiden. Wenn wir erkennen, dass wir der zweite Vogel (das Selbst) sind, werden wir frei, denn das Selbst ist der Ursprung des Lichts und aller Liebe. FREI NACH DER *BHAGAVAD GITA* (1. ODER 2. JAHRHUNDERT)

134 **Distanz** „Nähe ist der große Schöpfer von Illusionen; nur ein distanzierter Beobachter kann die Wirklichkeit erreichen." SIMONE WEIL (1909–1943)

135 Entrümpeln Sie befinden sich in der Dachkammer Ihrer Psyche. Um Sie herum stehen Kisten voll alter Lasten. Nacheinander tragen Sie diese hinaus und entsorgen sie. Dabei überkommt Sie eine gewisse Leichtigkeit. Endlich sind Sie frei!

136 Sieg über sich selbst „Ich schätze den als tapferer, der sein Verlangen überwindet, als jenen, der seine Feinde besiegt. Denn der schwerste Sieg ist der Sieg über sich selbst." ARISTOTELES (384– 322 V. CHR.)

137 Bunte Welt Wir alle entwickeln Abhängigkeiten. Sie zu überwinden bereichert unsere Erfahrung der Welt. Wir glaubten, den Regenbogen zu erkennen, doch wir sahen nur schwarz-weiß. Erst jetzt, frei von Abhängigkeit, sehen wir die Welt in voller Farbenpracht.

138 Das Mittel und der Zweck „Meditation ist nicht das Mittel zum Zweck. Es ist das Mittel und der Zweck." JIDDU KRISHNAMURTI (1895–1986)

WAHL UND VERANTWORTUNG

143 Freier Wille „Ich bin kein Vogel und kein Netz umgarnt mich: Ich bin ein freier Mensch mit einem freien Willen." JANE EYRE, IM GLEICHNAMIGEN ROMAN VON CHARLOTTE BRONTË (1847)

144 Bewusst leben „Jeder bewusst gelebte Moment ist ein Schritt zur geistigen Reife. Meine Erfahrung dient als Beispiel für andere, die sich auf dieser Reise befinden." MODERNE AFFIRMATION

145 Andere Welt „Unsere Freiheit ist nur ein Licht, das aus einer anderen Welt hereindringt." NIKOLAJ GUMILEV (1886–1921)

146 Leuchtturm „Ich bin eher ein Leucht-turm als ein Rettungsboot. Ich rette nicht, sondern helfe durch mein Beispiel anderen, ihren Weg ans Ufer zu finden." MODERNE AFFIRMATION

147 Schachspiel Betrachten Sie schwierige Entscheidungen wie ein

Schachspiel. Stellen Sie sich die beteiligten Personen als Figuren auf dem Spielfeld vor. Schlüpfen Sie in die Rolle einer Figur und meditieren Sie über den aktuellen Spielstand. Die Dynamik der Situation erschließt sich Ihnen nun besser. Sie entdecken Ihre Möglichkeiten und können eine weisere Entscheidung treffen.

148 **Die Schneeflocke** „Keine Schneeflocke in einer Lawine fühlt sich je verantwortlich." VOLTAIRE (1694–1778)

149 **Wildpferde zähmen** Manchmal scheinen unsere Gelüste außer Rand und Band. Um die Selbstbeherrschung wiederzuerlangen, visualisieren Sie diese als Gespann wilder Pferde vor einem Wagen, den Sie lenken. Ziehen Sie die Zügel sanft, aber bestimmt an. Dabei merken Sie, wie die Pferde langsamer werden und auf Ihre zunehmende Selbstbeherrschung reagieren.

150 **Dressurreiten** Bei dieser Disziplin der Reitkunst reagiert das Pferd sensibel auf die Wünsche des Reiters. Es geht um das

Gleichgewicht zwischen Pferd und Reiter. Sehen Sie sich als Dressurreiter; konzentriert und präsent kommunizieren Sie problemlos mit Ihrem Pferd. Übertragen Sie dies auf Ihre Beziehung zu sich selbst. Seien Sie eins mit sich; bewusst und fähig, zu entscheiden, wie Sie in jedem Moment auf die Welt reagieren.

151 **Ernte** „Säe eine Tat und du erntest eine Gewohnheit. Säe eine Gewohnheit und du erntest einen Charakter. Säe einen Charakter und du erntest ein Schicksal." CHARLES READE (1814–1884)

152 **Das menschliche Dasein** Laut dem französischen Philosophen Michel de Montaigne trägt jeder Mensch die ganze Bürde des menschlichen Daseins. Alles, was wir in anderen wahrnehmen – Licht und Schatten – ist auch in uns selbst vorhanden.

153 **Der Ruf des Herzens** „Jeder soll sorgfältig beobachten, auf welchen Weg sein Herz ihn führt, und sich dann mit aller Kraft für diesen Weg entscheiden." CHASSIDISCHES SPRICHWORT

RICHTIGES HANDELN

154 **Ausführende Tugenden** Alle Tugenden verstärken sich gegenseitig. Mut verstärkt die Güte und Güte verstärkt den Mut. Kraft verstärkt die Geduld, Geduld verstärkt die Kraft. Alle Tugenden sind ausführende Kräfte der Liebe und des Friedens.

155 **Heer der Güte** Die Güte ist der Kapitän, die guten Taten sind die Soldaten. Frei nach Leonardo da Vinci (1452–1519)

156 **Über die Moral hinaus** „Sei nicht zu moralisch. Du betrügst dich damit um ein gutes Stück deines Lebens. Ziele über die Moral hinaus. Sei nicht einfach gut, sei gut für etwas." Henry David Thoreau (1817–1862)

157 **Funkelnde Juwelen** Menschliche Tugenden, genau wie funkelnde Juwelen oder die Schönheit selbst, verlangen nicht nach einer Gegenleistung. Frei nach Marc Aurel (121–180)

158 **Verstohlen** „Verstohlener Weise Gutes tun und erröten, wenn man hört, dass es sich verbreitet." Alexander Pope (1688–1744)

159 **Jongleur** „Ich jongliere anmutig mit den Anforderungen meines Lebens und fange die Bälle, die mir Bestimmung geben, und lege jene ohne Schuld und Sorge weg, die meine Energien rauben."
MODERNE AFFIRMATION

160 **Feinschliff** Stellen Sie sich vor, Sie besitzen eine abgegriffene, glatte Holzschüssel. Jedes Mal, wenn Sie mit der Schüssel hantieren, wird sie noch feiner poliert. Denken Sie an eine edle Eigenschaft und stellen Sie sich vor, wie auch sie mit jeder Verwendung mehr glänzt. Tragen Sie zum Feinschliff bei.

161 **Reichtum erzeugen** „Energie erzeugt Energie. Indem man sich verausgabt, wird man reich." SARAH BERNHARDT (1844–1923)

162 **Der Duft der Güte** Wenn wir versuchen, immer gut zu sein, schleicht sich eine spirituelle Schönheit in unsere Herzen – wie der Duft wilder Blumen, der im Gras verborgen ist.

163 **Im Schatten des Glücks** „Ich beschließe, mit reinem Geist zu sprechen und zu handeln. Wenn ich das mache, folgt mir das Glück wie mein Schatten." MODERNE AFFIRMATION

164 **Gewöhnlich sein** Glauben Sie nicht, dass nur jene Menschen wertvoll sind, deren Leben von großen Erfolgen und Helden-taten geprägt sind. Ein gewöhnliches Leben, mit dem Streben nach Tugend und Weisheit, ist eine Errungenschaft für sich.

165 **Geben** „Von sich selbst zu geben; die Welt ein wenig besser verlassen, ob durch ein gesundes Kind, ein Stückchen Garten oder einen Beitrag zur Verbesserung der Gesellschaft ... wissen, dass wenigstens das Leben eines anderen leichter war, weil du gelebt hast – das ist Erfolg." RALPH WALDO EMERSON (1803–1882)

166 Karma In vielen Philosophien glaubt man an Karma – das geistige Gesetz von Ursache und Wirkung, das unser Leben formt. Es besagt, dass unser Verhalten in diesem Leben bestimmt, was wir im nächsten Leben erhalten. Schließen Sie Ihre Augen und denken Sie für ein paar Minuten daran, wie sich Ihr Handeln auf Ihr Leben und das Ihrer Mitmenschen auswirkt. Was wäre in Ihrem Leben anders, wenn Sie immer versuchten, gütig, großzügig und bedacht zu sein? Reine Absichten sorgen für gutes Karma, darum ist es wichtig, gute Taten nicht aus egoistischen Motiven zu begehen. Beschließen Sie, dass Sie von nun an versuchen werden, in einfachen und schwierigen Situationen rücksichtsvoll und mit der Großzügigkeit des Geistes zu handeln.

167 Wenig tun „Niemand beging einen größeren Fehler als jener, der nichts tat, weil er nur wenig tun konnte." EDMUND BURKE (1729–1797)

168 Die Tugend fordern So wie die Medizin nur einen Zweck hat, wenn wir krank sind, so erfüllt die Tugend auch erst in herausfordernden Situationen ihren Sinn.

169 Sprungbrett „Jeder Akt der Nächstenliebe ist ein Sprungbrett in den Himmel." HENRY WARD BEECHER (1813–1887)

170 Reinigung des Selbst Wenn Sie glauben, etwas Falsches getan zu haben, formulieren Sie einen einfachen Satz dazu,

sowie eine Erklärung, was falsch daran war, und ein Versprechen, es wieder gut zu machen. Sagen Sie sich diese Sätze sechs-
mal vor und lassen Sie sie ihre Wirkung entfalten. Erinnern Sie
sich gelassen an Ihren Fehler und halten Sie Ihr Versprechen.

171   **Feuer** „Mögen meine eigenen Taten meinen Rost und meine
Missgestalt verbrennen." Frei nach John Donne (1572–1631)

172   **Muschelhorn** In Indien gilt das Muschelhorn als passendes
Symbol für die Kraft der hinduistischen Lehren. Visualisieren Sie
die Spiralen des Horns – sie spiegeln die Schönheit des wahren
Glaubens wider. Halten Sie es im Geiste an Ihr Ohr und lauschen
Sie dem Klang des Meeres – er vermittelt die Tiefe wahrer
Weisheit. Blasen Sie in das Horn – dies markiert die Werte, die
Sie der Welt in Worten und Taten zeigen werden.

173   **Hegen und pflegen** „Was gut gepflanzt wird, kann nicht her-
ausgerissen werden. Was gepflegt wird, will nicht fliehen."
Laotse (ca. 604–531 v. Chr.)

174 Glühwürmchen Lassen Sie sich nicht von der Dunkelheit überwältigen. Lassen Sie Ihre Tugenden erstrahlen wie ein Schwarm Glühwürmchen, die leuchtend durch die Nacht tanzen.

175 Die Mühen des Herkules In der griechischen Mythologie beweist Herkules als Buße für seine Fehler seinen Heldenmut in zwölf Aufgaben. In einer davon tötet er die Hydra, eine neunköpfige Wasserschlange. Sinnieren Sie über die Sage des Herkules, um daraus die Stärke zu beziehen, sich für die Tugend zu entscheiden, selbst wenn der Weg steinig ist.

176 Die Zeit ist reif „Wir müssen die Zeit kreativ nutzen und uns stets bewusst machen, dass die Zeit immer reif dafür ist, das Richtige zu tun." MARTIN LUTHER KING (1929–1968)

177 Der Weg des Feuers Konfuzius sagte: „Wenn man das Richtige sieht, aber nicht tut, fehlt es an Mut." Wandeln Sie also tapfer auf dem Weg des Feuers. Handeln Sie, wenn Einsatz gefragt ist, auch wenn Sie verbrannte Fußsohlen riskieren.

178 **Das Offensichtliche sehen** Frieden entsteht nicht, indem man sich von der Welt abkoppelt, sondern indem man erkennt, was zu tun ist und gemäß dieser Erkenntnis handelt.

179 **Zur Wahrheit stehen** Der griechische Philosoph Sokrates hinterfragte mithilfe der Logik die gesellschaftlichen Konventionen seiner Zeit. Selbst als sein Leben auf dem Spiel stand, passte er sich nicht an, sondern hielt an seinen Wahrheiten fest. Folgen Sie seiner Einstellung. Blicken Sie hinter die Fassade der „Wahrheiten" anderer, während Sie nach Ihrer eigenen Wahrheit suchen.

180 **Berge und Juwelen** Wenn wir Berge besteigen, bitten wir nicht die Juweliere um Rat. Wenn wir Schmuck herstellen, bitten wir nicht die Bergsteiger um Rat.

181 **Krisenbewältigung** Denken Sie in Krisen an einen lieben Menschen. Stellen Sie sich seine beruhigenden, unterstützenden Worte vor. Inmitten der Krise wissen Sie dann, dass er Ihnen beisteht und alles, was Sie tun, positiv beeinflusst.

Eigene Stärken erkennen

182 **Wahrer Mut** Sokrates zufolge ist Mut nicht einfach eine Zurschaustellung primitiver Stärke, sondern Ausdauer oder Tatkraft mit einem Sinn für Moral, also intelligente Ausdauer oder Tatkraft. Im Sinne dieser Definition denken Sie an die Momente in Ihrem Leben, in denen Sie Mut bewiesen haben. Erinnern Sie sich und beschließen Sie, mit dieser Einstellung auch aktuelle und zukünftige Probleme anzupacken.

183 **Daniel in der Höhle des Löwen** Im Alten Testament wird die Geschichte des mutigen Daniel erzählt, der dank der Stärke seines Glaubens eine Nacht in der Höhle des Löwen überlebt. Folgen Sie seinem Beispiel. Vertrauen Sie, dass sich für Sie alles in Wohlgefallen auflösen wird, wenn Sie das Richtige tun und den Mut haben, zu Ihren Werten zu stehen.

184 **Der Kern des Lichts** Oft handeln wir nach dem Willen anderer und entgegen unserer eigenen Wünsche – aus Angst vor Ablehnung, wenn wir uns nicht anpassen. Allerdings verraten wir uns damit selbst und schaden unserem Selbstwert. Wann immer Sie sich diesem Druck von außen ausgesetzt fühlen, schließen Sie Ihre Augen und visualisieren Sie eine Bahn aus goldenem Licht, die von Ihren Füßen aus durch Ihren Körper verläuft und über den Scheitel wieder hinausfließt. Erleben Sie das Licht als Quelle der Kraft, die durch jede Faser Ihres Wesens strahlt.

185 **Groß und klein** „Das Leben schrumpft oder dehnt sich aus, proportional zum eigenen Mut." ANAÏS NIN (1903–1977)

186 Die Geburt der Athene Athene, eine der mächtigsten griechischen Göttinnen, wurde in voller Rüstung aus dem Kopf des Zeus geboren. Sie kann als ein Symbol für unseren inneren Krieger gesehen werden: die Verkörperung der in uns allen innewohnenden Stärken. Visualisieren sie sich das Bild der Athene, ausgerüstet mit Helm, Schild und Speer. Konzentrieren Sie sich auf sie und schöpfen Sie Mut aus den Stärken, die sie darstellt.

187 Furchtlosigkeit „Ich muss nur daran glauben, dass ich keine Angst habe, und sämtliche Angst wird weichen. Ich muss nur an mich selbst glauben und alle Hindernisse werden ihre Bedrohlichkeit verlieren." MODERNE AFFIRMATION

188 Angst loslassen Wenn wir unsere Ängste zulassen, erhalten sie großen Einfluss auf unsere Gedanken, Gefühle und Taten. Mit dieser Meditation können Sie dem entgegenwirken. **1** Schließen Sie Ihre Augen und denken Sie an Ihre größte Angst – etwa die Angst, nicht liebenswert zu sein. **2** Gestehen Sie sich die Existenz dieser Angst bewusst ein und spüren Sie sie, ohne sich zu bemitleiden. **3** Stellen Sie sich Ihre Angst nun als Vogel in einem Käfig vor. Nehmen Sie seine Form, sein Gefieder, seine Stimme und seine Bewegungen wahr. **4** Öffnen Sie den Käfig und lassen Sie den Vogel frei – auch aus Ihrem Bewusstsein. Während er davonfliegt, überrollt Sie eine Welle der Akzeptanz.

189 **Ruf der Trommel** Manchmal ist allein das Weiterleben eine Leistung. Um die Stärke zu haben, in solchen Zeiten durchzuhalten, hören Sie auf den inneren Trommelschlag Ihres Herzens und schöpfen Sie daraus Mut – er ist der Ruf des Lebens selbst.

190 **Singend weiterreiten** „Wenn du einen furchtsamen Gedanken hast, teile ihn nicht mit einem schwachen Menschen. Flüstere ihn in deinen Sattel und reite singend weiter." KÖNIG ALFRED VON WESSEX (849–899)

191 **Ängste lösen** Wir haben Angst vor dem Unbekannten. Lassen Sie los und stürzen Sie sich in das Abenteuer des Selbst. Mit jedem Atemzug lösen sich Ihre Ängste weiter auf.

192 **Zu handeln wagen** „Nicht weil die Dinge schwierig sind, wagen wir sie nicht, sondern weil wir sie nicht wagen, sind sie schwierig." SENECA (CA. 4 V. CHR.–65 N. CHR.)

193 **Die Sphinx** Die geheimnisvolle Sphinx ist eine Mischung aus Mensch, Löwe, Adler und Stier. Die alten Ägypter stellten

Sphinxstatuen als Wächter vor heilige Orte. Visualisieren Sie eine Sphinx aus vier Tieren, deren Eigenschaften in Ihrem Leben hilfreich sein könnten. Denken Sie an die Sphinx, wann immer Sie einen Beschützer brauchen.

194 **Blaue Aura** Stellen Sie sich in schwierigen Situationen vor, wie Sie von einem blauen Licht völlig umgeben werden. Da Blau die Farbe des Schutzes und der Ruhe ist, kann Ihre Energie so weniger von anderen geraubt werden. Stellen Sie sich vor, wie negative Energien von dieser Aura abprallen. Es verleiht Ihnen Sicherheit, zu wissen, dass nichts Ihnen etwas anhaben kann.

195   **Durch die Dunkelheit** In düsteren Zeiten fühlen wir uns oft verloren und ängstlich. Um einen Weg durch diese Momente zu finden, stellen Sie sich vor, wie Sie durch einen dunklen Wald laufen. Sie halten inne und atmen ein paar Mal tief durch. Vor Ihnen liegt eine Lichtung, wo Sie eine Weile rasten. Dann entdecken Sie einen Pfad, der von der Lichtung wegführt. Sie folgen dem Pfad, bis Sie schließlich ins Sonnenlicht gelangen.

196   **Das Geschenk** Das Gefühl einer sinnlosen Leere ist kennzeichnend für eine Depression. In diese seelische Unterwelt vorzudringen bereitet Angst, aber wer sich mutig der Dunkelheit stellt, wird belohnt. Wenn Sie sich an einem solchen Ort befinden, stellen Sie sich vor, Sie gehen einen langen, dunklen Tunnel entlang, bis Sie nicht mehr weiterkommen. Eine gesichtslose Gestalt taucht aus den Schatten auf. Sie legt eine weiße Rosenknospe in Ihre Hände, bevor sie wieder verschwindet. Sie folgen dem Tunnel weiter, bis Sie ein Licht sehen. Sobald Sie ins Licht treten, erblüht die Rose: Es ist die Blüte der Weisheit und der Einsicht, die Sie auf Ihrer Reise zu sich selbst erlangt haben.

INNERE KRAFT

197 **Erdung** **1** Setzen Sie sich bequem hin und schließen Sie Ihre Augen. **2** Lenken Sie Ihre Aufmerksamkeit auf das *Muladhara-Chakra* (Wurzelchakra) am unteren Ende Ihrer Wirbelsäule. **3** Stellen Sie sich bei jedem Einatmen vor, wie Sie Kraft aus der Erde über Ihre Wirbelsäule in den restlichen Körper aufnehmen. **4** Bei jedem Ausatmen fühlen Sie, wie Ihre Kraft zunimmt. Seien Sie sich dabei die ganze Zeit der Verbindung zwischen der Basis Ihres Körpers und der Erde bewusst.

198 **Atem der Dämmerung** „Mach dir den Atem der Morgendämmerung zu eigen. Er wird dir Kraft geben." Hopi-Sprichwort

199 **Kraftquellen** „Das Universum ist eine unendliche Quelle der Kraft, aus der ich schöpfen kann, wenn ich neue Aufgaben in Angriff nehme." Moderne Affirmation

200 **In den Canyon** Stellen Sie sich vor, wie Sie über eine weite, rote Felslandschaft wandern. Plötzlich stehen Sie vor einem Canyon. Ein Pfad führt Sie die steilen Wände hinab. Beim Abstieg wird die Luft immer feuchter. Saftige Pflanzen umgeben Sie. In der Senke des Canyons fließt ein Fluss. Sie waten durch das seichte Wasser und tauchen unter. Dabei durchströmt ein Gefühl der Kraft Ihren Körper – dieser Fluss ist die Quelle Ihrer inneren Stärke und er ist tiefer, als Sie es sich je vorgestellt hatten. Wiederholen Sie diese Reise in den Canyon, wann immer Sie aus Ihrer inneren Kraft schöpfen möchten.

201 **Silberne Glocken** Der Sage zufolge öffneten keltische Schamanen die Tore zwischen der materiellen und der geistigen Welt mit heiligen Zweigen, auf denen silberne Glocken hingen. Schließen Sie Ihre Augen und stellen Sie sich den Klang dieser Glocken vor. Sie nähern sich ihm und sehen zwei blühende Bäume, die ein Tor bilden. Sie gehen hindurch in eine andere Welt. Vor Ihnen kocht der Hüter des Tors etwas in einem Kessel über einem Feuer. Er füllt die Flüssigkeit aus dem Kessel in einen Kelch für Sie. Der würzige Trunk schenkt Ihnen neue Kraft. Der Hüter sagt, dass Sie jederzeit zurückkommen können, wenn Sie dem Klang der silbernen Glocken folgen. Sie kehren durch das Tor zurück und öffnen Ihre Augen. Sie fühlen sich lebendig und voll Energie.

202 Stärke „Herr, ich bete nicht für Aufgaben, die meiner Stärke entsprechen: Ich bete für die Kraft, die meiner Aufgabe entspricht."
PHILLIPS BROOKS (1835–1893)

203 Erfahrungsbrunnen

Unsere inneren Quellen versiegen nie – wie die Seele selbst. Wenn Sie das nächste Mal aus einem Aspekt Ihrer inneren Kraft schöpfen möchten – etwa Mut, Geduld oder Toleranz –,

stellen Sie sich vor, wie Sie einen Eimer in einen Brunnen lassen. Wie viel Energie Sie auch aus dieser Quelle schöpfen, es verbleiben enorme Reserven. Geloben Sie, diese Energie weise und mit Liebe einzusetzen.

204 **Kummer ertragen** „Nichts geschieht uns, was zu ertragen uns nicht natürlich wäre." Marc Aurel (121–180)

205 **Lehm und Eisen** „Forme den Lehm und füge dich dem Eisen." Moderne Meditation aus China

206 **Vollmond** Im Heidentum ist der Vollmond eine Zeit, um Kraft zu tanken und sich neuen Aufgaben zu verschreiben. Eine Vollmondmeditation unterstützt Sie dabei. Erfüllen Sie Ihr Bewusstsein mit dem leuchtenden, weißen Kreis. Stellen Sie sich vor, wie das Licht Ihr gesamtes Wesen mit Kraft und Energie durchflutet.

207 **Totem** Die Totempfähle der amerikanischen Ureinwohner zeigen wie ein Wappen die Symbole der Eigenschaften, mit denen sich die Mitglieder einer Gruppe identifizieren. Sie dienen als Quelle für Stärke und Einheit. Wählen Sie für Ihr persönliches Totem Symbole aus, die Ihre Persönlichkeit und Ihre Bindungen zu Freunden und zur Familie widerspiegeln. Zeichnen Sie diese Symbole auf und befestigen Sie die Zeichnungen an einem Stab aus Holz. Meditieren Sie über Ihren kleinen Totempfahl, um sich auf Ihre persönliche und kollektive Identität zu besinnen.

Sie können die Symbole auch in einer **Collage (208)** oder als **Gemälde (209)** darstellen und darüber meditieren.

210   Mudra der Energie Für eine neue Perspektive, mehr Selbstbewusstsein und Energie halten Sie während der Meditation das *Apan-Mudra*. (Mudras sind Gesten – meistens der Hände –, die das Energiesystem des Körpers beeinflussen.) **1** Sitzen Sie bequem und legen Sie Ihre Hände offen auf Ihre Oberschenkel. **2** Legen Sie den Mittel- und den Ringfinger jeder Hand an den Daumen. **3** Zeigefinger und kleiner Finger sind leicht ausgestreckt. **4** Halten Sie dieses Mudra bei geschlossenen Augen fünf Minuten lang – zwei- bis dreimal am Tag oder nach Bedarf.

211 **Ein Baum sein** Visualisieren Sie sich als Baum, dessen Zweige in den Himmel wachsen und dessen Wurzeln tief in die Erde reichen. Stellen Sie sich beim Einatmen vor, wie Sie Luft und Sonnenlicht durch Ihre Zweige in Ihren Stamm aufnehmen. Beim Ausatmen fließt Ihr Atem weiter durch Ihre Wurzeln und in die Erde hinein. Beim nächsten Einatmen ziehen Sie die Energie der Erde durch Ihre Wurzeln hinauf in Ihren Stamm. Atmen Sie durch

Ihre Zweige aus. Atmen Sie fünf bis zehn Minuten lang abwechselnd in beide Richtungen.

212   **Selbstgenügsam**   „Der Wuchs einer Pflanze, der Baum, der sich nach dem Sturm wieder aufrichtet, die Lebensgrundlagen jeder Pflanze und jedes Tieres, zeugen auch von der selbstgenügsamen, sich selbst vertrauenden Seele. Die gesamte Geschichte, von ihren bedeutendsten bis zu ihren banalsten Kapiteln, ist ein vielfältiges Dokument dieser Macht." RALPH WALDO EMERSON (1803–1882)

213   **Im Schatten Noahs**   „Ich warte voller Glauben und halte auf dem aufgewühlten Meer meines Lebens Ausschau nach den Tauben der Hoffnung." MODERNE AFFIRMATION

214   **Ausdauer**   Bei scheinbar unüberwindbaren Problemen gibt diese Visualisierung Kraft. Sehen Sie sich am Fuße eines wolkenverhan-

genen Berges. Sie beginnen mit dem Aufstieg: Der Pfad ist steil
und felsig, die Luft ist kalt, der Nebel wird dichter. Achtsam setzen
Sie einen Fuß vor den anderen und vertrauen darauf, dass der
Weg Sie zum Ziel führt. In Gipfelnähe lösen sich die Wolken auf
und der weitere Weg zeigt sich deutlich. Sie erkennen, dass alle
Hindernisse überwindbar sind, solange Sie die Kraft haben, durchzuhalten.

215 **Der innere Sturm** „Der Weise im Sturm betet zu Gott, aber
nicht für Schutz vor der Gefahr, sondern für die Erlösung von der
Furcht. Es ist der Sturm in seinem Inneren, der ihn bedroht, nicht
der im Außen." RALPH WALDO EMERSON (1803–1882)

216 **Freude am Erfolg** So wie Sie auf Ihre eigenen Leistungen stolz
sind, erfreuen Sie sich auch an den Leistungen anderer – ob von
Freunden, Verwandten, Bekannten oder Fremden. Denken Sie an
Leistungen von anderen, von denen Sie in letzter Zeit gehört
haben. Was können Sie von diesen Erfolgen lernen? Schöpfen Sie
aus ihnen Kraft, Mut und Motivation für Ihre eigenen Ziele.

SELBSTWAHRNEHMUNG

217 **Das wahre Bild** „Ein Mangel an Selbstachtung verzerrt den Spiegel: Ich wende mich von diesem trügerischen Bild von mir ab, bevor die Illusion Teil meiner inneren Landschaft wird. Ich bin ganz und einzigartig." MODERNE AFFIRMATION

218 **Merkmale der Vortrefflichkeit** „Nicht durch Lob ermutigt, nicht durch Schuld bekümmert, aber sich völlig seiner eigenen Tugenden und Stärken gewahr sein – das sind die Merkmale der Vortrefflichkeit." SAKYA PANDITA (1182–1252)

219 **Das Selbst hinterfragen** Wer bin ich? Beobachten Sie beim Meditieren Ihre vorbeiziehenden Gedanken. Gehen Sie nicht auf sie ein. Lassen Sie die Gedanken fließen. Fragen Sie sich einfach so, ohne Erleuchtung zu erwarten: Wer ist das, der diese Gedanken beobachtet? Eines Tages werden Sie erkennen, dass Sie die Antwort bereits tief in Ihrem Herzen tragen.

220 **Im Lampenschein** „Ihr müsst für euch selbst Lampen sein." BUDDHA (CA. 563–CA. 460 V. CHR.)

221 **Masken** Wir spielen im Leben verschiedene, soziale Rollen. Wenn wir nicht aufpassen, identifizieren wir uns zu stark mit einer bestimmten Rolle, die uns einschränkt. Welche sind Ihre Rollen? Betrachten Sie jede einzelne. Welche Masken tragen Sie, welches Verhalten nehmen Sie an? Wer sind Sie wirklich?

222 **Sich kennenlernen** Schließen Sie Ihre Augen und stellen Sie sich vor, Sie sind auf einer Party. Ein Freund kommt und stellt Sie Ihnen selbst vor. Wie ist Ihr erster Eindruck von dieser Person? Fangen Sie ein Gespräch mit sich an. Wie entwickelt sich die Beziehung zu Ihnen? Betrachten Sie aus dieser neutralen Sicht die Stärken und Schwächen, die Sie in sich sehen. Nutzen Sie dieses Bewusstwerden als Grundlage für Veränderungen.

223 **Perlentaucher** „Perlen liegen nicht am Ufer. Wer eine Perle finden möchte, muss danach tauchen." ÖSTLICHES SPRICHWORT

224 **Tauchgang ins Unbewusste** Das Meer ist eine Metapher für das Unbewusste. Fantasiereisen ins Meer lehren uns viel über uns selbst. Visualisieren Sie sich in einem Boot am Ozean. Was sehen Sie außerhalb des Boots im Wasser? Springen Sie ins Meer und tauchen Sie langsam in die Tiefe. Rufen Sie den Meeresbewohnern zu – den unbekannten Aspekten Ihres Wesens. Bitten Sie sie, sich Ihnen vorzustellen und mit Ihnen zu kommunizieren. Hören Sie zu, was sie Ihnen zu sagen haben.

Schwimmen Sie dann an die Oberfläche zurück. Wenn Sie diese Meditation wiederholen, tauchen Sie immer tiefer ins Meer und vertiefen so Ihre Selbsterfahrung.

225 **Staunender Blick** „Die Menschen reisen in fremde Länder und staunen über die Höhe der Berge, die Gewalt der Meereswellen, die Länge der Flüsse, die Weite des Ozeans, das Wandern der Sterne; aber sie gehen ohne zu staunen aneinander vorbei." AUGUSTINUS VON HIPPO (354–430)

226 **Meditationsbilder** Manchmal tauchen beim Meditieren ungewollt Bilder auf. Ihre Bedeutung erschließt sich oft besser, wenn man sie aufzeichnet. Halten Sie beim Meditieren Stift und Papier bereit, dann können Sie danach die Bilder festhalten.

Beim Zeichnen entwickelt das Bild vielleicht ein Eigenleben und offenbart neue Details, sodass sich das endgültige Bild von dem, das Sie zeichnen wollten, unterscheidet. Denken Sie über das fertige Bild nach. Lassen Sie seine Bedeutungen zu Ihnen kommen.

227 **Lebensbaum** In vielen Überlieferungen gilt der Baum als Metapher fürs Leben. Meditieren Sie für ein besseres Selbstgefühl über Ihren eigenen Lebensbaum. Verfolgen Sie Ihren Weg zu den Wurzeln Ihrer Persönlichkeit zurück – zu Ihrem Zuhause, zur Gesellschaft, Ihrer Familie, Freunden und Bekannten. Betrachten Sie die Narben am Stamm, die Sie beim Aufwachsen und beim Finden Ihres Platzes in der Welt gesammelt haben. Bewundern Sie die Früchte des Baums – die Leistungen, auf die Sie stolz sind. Pflegen Sie seine Knospen – sie sind Ihre Ziele und Träume, die eines Tages Ihre Zukunft bestimmen werden.

228 **Selbstachtung** „Würde kommt nicht von den erhaltenen Ehrungen, sondern vom Wissen, dass wir diese verdienen."
ARISTOTELES (384–322 V. CHR.)

229   Haus des Selbst Schließen Sie Ihre Augen und visualisieren Sie ein Haus. Betreten Sie es im Geiste und erkunden Sie sein Inneres vom Keller bis zum Dach. Schauen Sie sich um und nehmen Sie Farben, Stil und Atmosphäre jedes Raums wahr. Nachdem Sie jeden Raum gründlich untersucht haben, öffnen Sie Ihre Augen und zeichnen Sie das Gesehene auf. Sinnieren Sie über die Bedeutung Ihres Hauses als Metapher für Ihr Selbst. Welches Wissen erlangen Sie aus dieser Erkundung über sich?

230   Sich selbst kennen „Wer andere kennt, ist weise; wer sich selbst kennt, ist erleuchtet." LAOTSE (CA. 604–531 V. CHR.)

231   Tore des Geistes Um unser Potenzial für persönliches Wachstum zu erfüllen, müssen wir die Tore des Geistes öffnen. Stellen Sie sich beim Meditieren vor, wie Sie eine Tür zu einer höheren Bewusstseinsebene, einer helleren Erleuchtung öffnen. Beim Aufmachen der Tür flutet bereits das

Licht herein. Beim Betreten dieses helleren Raums erschließt sich Ihnen eine innere Wahrheit – vielleicht die Reinheit der Seele oder Ihre unerschöpfliche Liebe.

232 Selbstlos „Wer sein eigenes Selbst als das eine wahre Selbst erkannt hat, wird selbstlos." UPANISHADEN (CA. 1000 V. CHR.)

233 Wahrheit „Um mir selbst ein guter Freund zu sein, werde ich liebevoll die Wahrheit über mich selbst erkennen, ganz gleich, wie schwierig oder schön sie sein mag." MODERNE AFFIRMATION

234 Schutz der Seele „Zu wissen, was du willst, statt demütig zu allem Ja und Amen zu sagen, von dem dir die Welt vorschreibt, dass du es wollen sollst, bedeutet, dass du deine Seele lebendig gehalten hast." ROBERT LOUIS STEVENSON (1850–1894)

235 Hinaus „Wenn ich hinausgehe, fügt sich die Welt um mich zusammen, wie die Kenntnis über mich selbst, wie mein Glaube an das Göttliche." MODERNE MEDITATION AUS SCHWEDEN

236   **Die Tasse leeren** Einst besuchte ein westlicher Gelehrter einen Zen-Meister und bat um Unterricht. Der Meister lud den Gelehrten zum Tee und schenkte ihm eine Tasse ein. Als sie voll war, goss er weiter und der Tee floss über die Tasse. Damit wollte er zeigen, dass in einem zerstreuten Geist kein Platz für Weisheit ist. Um Einsichten zu erlangen, müssen wir die Tasse des Geistes leeren, statt sie mit Grundsätzen zu füllen.

237   **Weisheitsquellen** Erkennen Sie die Quellen der Weisheit in Ihrem Leben.

Vielleicht wurden Sie von einem Lehrer, einem Freund oder
Verwandten, einem Buch oder einer Erfahrung inspiriert.
Verbinden Sie sich regelmäßig mit Ihren Quellen der Weisheit.
Ehren Sie die Geschenke, die sie Ihnen gaben.

238 **Milch der Weisheit** „Die Milch aller Kühe aller Farben ist
weiß. Die Weisen erklären die Milch zur Weisheit und die Kühe zu
den heiligen Schriften." *UPANISHADEN* (CA. 1000 V. CHR.)

239 **Innere Weisheit** Wir glauben oft, dass die Quellen wahrer
Weisheit nur aus den Größten und Besten sprudeln. Aber auch
wenn wir bescheiden leben, können wir zu tiefen Einsichten gelangen. Man muss nur bereit sein, die eigenen Erfahrungen zu
beachten und unser Potenzial für ein reiches Innenleben zu erkennen. Wie der französische Philosoph Michel de Montaigne sagte:
„Wir sind reicher, als wir denken, jeder einzelne von uns."

240 **Leichtes Gepäck** Buddha sagte, dass manche auf ihrer
Lebensreise Weisheit sammeln, manche Steine und manche nichts.

Um Weisheit zu sammeln, müssen Sie Ihrem eigenen Weg folgen. Wenn Sie sich nur auf weise Lehrer verlassen, wird Sie deren Weisheit belasten und Ihren Weg behindern.

241 **Weisheit im Inneren** „Sammle dich in der Stille, schau nach innen und widme deinen Geist dem Selbst. Die Weisheit, die du suchst, liegt im Inneren." *BHAGAVAD GITA* (1. ODER 2. JAHRHUNDERT)

242 **Nicht wissen** „Zu wissen, aber zu glauben, dass man nichts weiß, ist am besten. Nicht zu wissen, aber zu glauben, dass man etwas weiß, führt zu Problemen." LAOTSE (CA. 604–531 V. CHR.)

243 **Inneres Licht** Andere Menschen zweifeln manchmal an unserem Weg, selbst jene, die wir lieben und bewundern. Das soll uns aber nicht aufhalten, denn die Intuition führt uns. Wagen Sie sich tapfer voran: Ihr inneres Licht wird Ihren Weg erhellen.

244 **Innen, außen** „Außerhalb des Zimmers erlange Wissen; im Zimmer selbst erlange Weisheit." ZHUANGZI (CA. 369–286 V. CHR.)

245 **Genau hinsehen** „Durch das, was nah ist, versteht man das, was weit entfernt ist." Xunzi (ca. 300–ca. 230 v. Chr.)

246 **Instinkt** In der griechischen Mythologie gibt es die Zentauren. Diese Fabelwesen, halb Mensch, halb Pferd, erinnern uns an unser intuitives Wesen, das durch unsere Zivilisierung oft verkümmert ist. Verbinden Sie sich mit Ihrer intuitiven Weisheit, indem Sie Ihre Aufmerksamkeit nach innen lenken und sich ein Tier vorstellen. Welches Tier erscheint Ihnen? Schließen Sie Freundschaft und geben Sie ihm einen Namen. Nun können Sie es zu Hilfe rufen, wenn Sie sich verloren oder ängstlich fühlen.

247 **Die Seherin** In der keltischen Tradition gibt es die Figur der Seherin, die im Zentrum des persönlichen, inneren Universums steht. Sie wird mit einem Umhang aus Eulenfedern als Symbol ihrer Weisheit dargestellt. Befragen Sie die Seherin zu persönlichen Themen, wie etwa Ihrer Beziehung. Visualisieren Sie sich auf einer mondhellen Lichtung. Vor Ihnen steht die Seherin. Erzählen Sie ihr von Ihrem Problem und suchen Sie ihren Rat. Hören Sie ihr gut zu, sodass ihre Weisheit in Ihren Geist dringen kann. Sie können sie jederzeit wieder um Hilfe bitten.

248   Tagträume „Wer am Tag träumt, wird sich vieler Dinge bewusst, die denen entgehen, die nur nachts träumen." EDGAR ALLAN POE (1809–1849)

249   Altersweisheit Die Figur des alten Weisen ist ein jungscher Archetyp. Als Quelle alter spiritueller Weisheit kann uns diese Gestalt zu höheren Ebenen des Bewusstseins führen und uns neue Perspektiven für unser Leben zeigen. Um sich mit diesem Archetyp zu verbinden, stellen Sie sich vor, wie Sie auf einem Pfad durch einen dunklen Wald gehen. Plötzlich treten Sie aus dem Dickicht hervor und sehen den felsigen Gipfel eines Bergs vor sich aufragen. Sie wandern weiter den Pfad entlang, bis Sie einen alten Mann vor einer Höhle sitzen sehen. Nähern Sie sich dem Mann respektvoll und stellen Sie sich vor. Beschreiben Sie Ihre Situation und bitten Sie um Rat. Wie ist seine Antwort (Worte, Bilder, Taten)? Inwiefern erhellt sie Ihr Problem?

250 **Die Weisheit der Stille** Visualisieren Sie sich an einem ruhigen
Ort – ein abgelegener Raum oder eine Waldlichtung. Sie sitzen auf
einem Stuhl oder einem Baumstumpf. Sie versuchen, weise Worte
zu finden, die aber in Ihrem Mund versiegen. Mit jedem unausge-
sprochenem Wort fließt ein Pulsschlag an Energie zurück in Ihre
Seele. Sie fühlen, wie sich die Weisheit in Ihnen sammelt. Sie
erkennen die Weisheit der Stille. Sie sprechen nicht mehr, sondern
sitzen nur da und werden mit jedem Moment weiser.

251 **Leise, innere Stimme** „Der einzige Tyrann, den ich in dieser
Welt anerkenne, ist die leise, innere Stimme." MAHATMA GANDHI
(1869–1948)

252 **In der Spirale** Visualisieren Sie sich in einem spiralförmigen
Labyrinth aus großen Felsen. Mit jedem Schritt fühlen Sie sich
leichter und sind stärker mit der Seele verbunden. Im stillen
Zentrum fühlen Sie sich Ihrer Intuition nahe. Stellen Sie keine
Fragen. Bleiben Sie still und ruhig, in dem Wissen, dass alle
Weisheit, die Sie brauchen, tief in Ihnen liegt.

253 Weisheit des Herzens „Das Herz, das tief empfindet, ist weise. Und eine solche tiefe Weisheit führt zur Tugend." Zhuangzi (ca. 369–286 v. Chr.)

254 Spirituelle Weisheit Das violette Chakra des „dritten Auges" (auch *Ajna*, das „innere Auge", genannt) liegt in der Mitte der Stirn über den Brauen. Es ist das Zentrum für geistiges Sehen und regelt unsere Denkprozesse. Meditieren Sie über dieses Energiezentrum: Stellen Sie sich eine violette Kugel vor, die sich mitten auf Ihrer Stirn dreht. Das wird Ihren Geist schärfen und Ihre

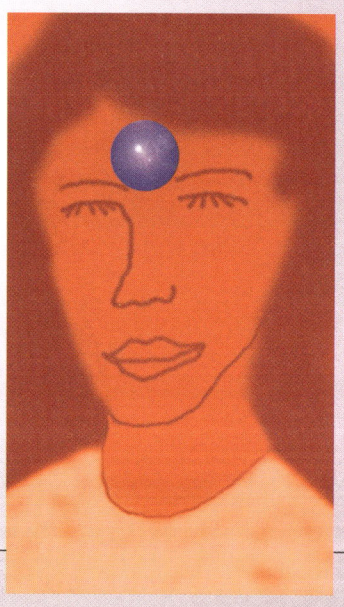

Verbindung zur Weisheit des Kosmos stärken.

255 **Oberste Prinzipien** „Mach Treue und Aufrichtigkeit zu obersten Prinzipien." KONFUZIUS (CA. 551–CA. 479 V. CHR.)

256 **Siegel der Weisheit** *Mudras* sind Gesten (vor allem Handgesten), die das Energiesystem des Körpers beeinflussen. Das *Jnana-Mudra* soll den Energiefluss in die höheren Chakren unterstützen und uns in feinstofflichere Bewusstseinsebenen erheben. Setzen Sie sich bequem hin und formen Sie dieses Mudra, indem Sie Zeigefinger und Daumen jeder Hand zusammenführen. Ihre Hände liegen mit den Handflächen nach oben auf Ihren Knien. Schließen Sie Ihre Augen, lenken Sie Ihre Aufmerksamkeit nach innen und beobachten Sie Gedanken, Gefühle und Sinneseindrücke. Halten Sie das Mudra fünf bis fünfzehn Minuten lang.

257 **Wahr oder falsch** „Der erste Schritt zur Weisheit ist, zu erkennen, was falsch ist; der zweite ist, zu erkennen, was wahr ist."
LACTANTIUS (240–CA. 320)

GELASSENHEIT

258 **Omphalos** In der griechischen Mythologie entsendet Zeus zwei
Adler von den Enden der Welt, um ihren Mittelpunkt zu finden.
Die Adler treffen sich in Delphi. Zeus markiert den Ort mit
einem Stein, dem *Omphalos* („Nabel"). Meditieren Sie über Ihren
Nabel, um Ihr Zentrum zu stärken. Setzen Sie sich bequem hin,
legen Sie Ihre Fäuste aneinander, Ellbogen im rechten Winkel,
und drücken Sie sanft gegen Ihren Nabel. Atmen Sie tief, achten
Sie auf Ihren Nabel und die Bewegung Ihrer Fäuste.

259 **In die Meditation rudern** Zählen Sie vor einer Meditation
rückwärts. Stellen Sie sich vor, Sie rudern in einem Boot zu einer
friedlichen Insel. Mit jedem Ruderschlag werden Sie, Ihr Atem
und Ihre Bewegungen langsamer und ruhiger. Bei null erreichen
Sie die Insel und Ihre Meditation kann beginnen.

260 **Folge der Schildkröte**
„Ziehe dich in der
Meditation von den
Sinnesfreuden zurück, so wie eine

Schildkröte ihre Glieder einzieht. Dadurch wirst du Frieden finden." *BHAGAVAD GITA* (1. ODER 2. JAHRHUNDERT)

261 Schützender Hafen Wenn es im Leben stürmisch zugeht, denken Sie daran, dass äußere Kräfte der Seele nichts anhaben können. Wie ein Fischerboot im Hafen finden Sie in rastlosen Zeiten Zuflucht in Ihrer Seele, der ruhigen Mitte Ihres Wesens.

262 Ruhe „Ich ruhe in Stille und göttlicher Gnade. In dem Moment bin ich gelassen, glücklich und erfüllt." MODERNE AFFIRMATION

263 Vorrat der Gelassenheit In unserem Kern liegt der Frieden unseres essenziellen Wesens. Um diesen Frieden zu erreichen, stellen Sie sich vor, wie Sie in einen warmen, ruhigen See tauchen. Im Wasser umgibt Sie eine tiefe Stille. Mit Staunen sehen Sie, dass der Grund des Sees mit weißen Perlen bedeckt ist. Sie kehren an die Oberfläche des Sees zurück und erkennen, dass die Stille, Reinheit und Schönheit, die Sie entdeckt haben, in Ihnen selbst liegt.

264 **See der Stille** Stellen Sie sich einen schönen, klaren Bergsee vor. Spüren Sie, wie eine Brise aufkommt und am Wasser Wellen schlägt. Mit dem Abflauen der Brise verschwinden die Wellen wieder und der See wird ruhig. Wann immer im Lauf des Tages etwas Ihre Stimmung aufwühlt, denken Sie an den See und spüren Sie, wie die emotionalen Wellen verebben.

265 **Ort der Einheit** „Weit weg von der Unruhe der Sinne und dem rastlosen Wandern des Geistes liegt ein ruhiger Teich der Stille. Die Weisen nennen diese Stille den höchsten Zustand des Seins. An diesem Ort finden wir Einheit – und sind nie wieder davon getrennt."
UPANISHADEN (CA. 1000 V. CHR.)

266 **In der Stille treiben** Heutzutage ist die Stille selten geworden. Es ist aber wichtig, täglich etwas Zeit in Stille zu verbringen, denn nur dann kann der Geist in uns strömen. Für eine Meditation über die Stille eignet sich ein dunkler Raum. Legen Sie sich am Boden und achten Sie auf Ihre Atmung, bis Ihr Körper völlig entspannt ist. Sehen Sie sich im leeren Raum schweben. Erfüllen Sie Körper und Geist mit der Stille. Sie sind reines Bewusstsein, eins mit Ihrer Umgebung.

267 **Innerer Frieden** „Frieden beginnt zu Hause. Wenn ich von einem friedlichen Ort komme, sehe ich auch Frieden um mich herum." MODERNE AFFIRMATION

268 **Weg zum Frieden** „Bewahre du zuerst Frieden in dir selbst, dann kannst du auch anderen Frieden bringen." THOMAS VON KEMPEN (CA. 1380–1471)

269 **Frieden schließen** Frieden im Herzen ist unerlässlich für das Wohlbefinden. Der Zen-Mönch Thich Nhat Hanh, ein Meister der Versöhnung, spricht davon, Frieden zu sein. Wenn wir uns verteidigen wollen, kämpfen wir auch weiterhin. Aber wenn wir Frieden sind – nicht mehr gegen- sondern miteinander –, können wir mit allen Frieden schließen, auch mit uns selbst.

270 Friedenstaube Sie können die Taube als Symbol Ihres inneren Friedens in schwierigen Zeiten als Kraftquelle herbeirufen. Denken Sie daran, was die Taube verkörpert: Liebe, Mitgefühl, Wahrheit. Nähren Sie diese Eigenschaften in sich, indem Sie über die Taube in Ihrem Inneren meditieren.

271 Die innere Stille Im Zentrum eines Sturms herrscht Stille. Auch im Chaos, in Problemen und im Leid bleibt ein stiller Punkt, eine Leere im Kern Ihres Wesens, wo Sie Frieden finden können. Finden Sie diesen Ort, indem Sie Ihre Augen schließen und nach innen schauen. Beobachten Sie zuerst die unzähligen flackernden Lichtpunkte, die durch Ihre Lider dringen. Wenn Sie sich tiefer in sich zurückziehen, schwindet das Licht. Sie erreichen den weiten Raum im Herzen Ihres Wesens – ein Ort dunkler als die Nacht, aber voller Potenzial. Der heilige Schoß, aus dem alles geboren wird. Hier finden Sie Frieden.

272 Gottes Stille „Nichts in der Schöpfung gleicht Gott so wie die Stille." MEISTER ECKHART (CA. 1260–CA. 1327)

KREATIVITÄT

273   **Authentisch leben** Mahatma Gandhi sagte: „Reinheit des Lebens ist die höchste und wahre Kunst." Authentisch zu leben und uns selbst treu zu bleiben, ist kreativ. Akzeptieren Sie sich dazu selbst und drücken Sie aus, wer Sie sind.

274   **Genial** „Genialität ist bloß die Fähigkeit, etwas auf ungewöhnliche Weise wahrzunehmen." WILLIAM JAMES (1842–1910)

275   **Eine Stimme im Chor**

„Ich bin ein wunderbares, begabtes Wesen; Teil der Schöpfung, aber anders als alle anderen. Ich schätze meine Begabungen und meine einzigartige Stimme." MODERNE AFFIRMATION

276   **Kreativ leben** Kreativität ist unser menschlicher

Audruck der Lebenskraft, neben den Wundern der Natur, wie die Verwandlung der Raupe in den Schmetterling und das Blühen der Blumen. Wenn wir kreativ leben, verbinden wir uns mit der Kraft hinter diesen Ereignissen. Dazu müssen wir uns einer Macht ergeben, die größer ist als das Ich, unserem Herzen folgen und darauf vertrauen, dass sich unser Leben ganz nach dem Plan des Universums entwickelt.

277 **Die Welt malen** „Die Welt ist nur eine Leinwand für die Fantasie." HENRY DAVID THOREAU (1817–1862)

278 **Der Grüne Mann** Bei den Kelten tritt der archetypische Vater in mehreren Formen auf. Eine davon ist der Grüne Mann. Er wird mit einem weisen, zerfurchten Gesicht sowie Haaren und Bart aus Eichenblättern dargestellt. Er schützt das Land und verleiht Fruchtbarkeit. Nutzen Sie die Energie des Grünen Mannes, um kreativer und selbstbewusster zu werden. Visualisieren Sie sein Gesicht und bitten Sie ihn um Hilfe. Nehmen Sie seine natürliche Kraft auf und lassen Sie sich von ihr bestärken.

279 **Besondere Gaben** Wir alle besitzen Gaben, die wir vielleicht nicht angemessen würdigen – besondere Talente, die unsere Erfahrungen bereichern und uns bei Schwierigkeiten helfen. Denken Sie über sie nach. Welche Qualitäten und kreative Talente haben Sie? Vielleicht sind Sie einfühlsam, witzig oder sprachgewandt, ein guter Sänger oder anmutiger Tänzer. Erkennen Sie diese Gaben und schätzen Sie sie. Sie sind ein Segen, den Sie und andere nutzen und genießen können.

280 **Reichtümer** „Ich bin reich an Wissen und Begabung. Täglich verbringe ich etwas Zeit in stiller Einkehr, damit diese Reichtümer zum Vorschein kommen können." MODERNE AFFIRMATION

281 **Gaben ausbrüten** Visualisieren Sie sich als Vogel neben einem Nest mit sechs Eiern. Jedes Ei enthält eine neue Gabe oder ein neues Talent von Ihnen. Sie beobachten, wie aus jedem Ei nacheinander etwas schlüpft. Jedes Küken verkörpert eine Gabe – erkennen Sie sie. Sie müssen Ihre Kinder nun füttern und pflegen, damit Sie ihr volles Potenzial entwickeln können. Stellen Sie sich vor, wie Sie das tun und sehen Sie die zerbrechlichen Küken zu stattlichen Vögeln heranwachsen. Beobachten Sie nun ihre ersten Flugversuche. Erkennen Sie dabei das Potenzial Ihrer Gaben und lassen Sie sie davonfliegen.

282 Unsterbliche Früchte „Meide jene Studien, deren Früchte der Arbeit mit ihrem Schöpfer sterben." LEONARDO DA VINCI (1452–1519)

283 Geistiges Vermächtnis „Meine Kreativität ist mein geistiges Vermächtnis. Ich werde sie nutzen, um mich selbst und alle, die ich liebe, zu beschenken." MODERNE AFFIRMATION

284 Kreativer Wasserfall Geben Sie sich dem kreativen Fluss des Universums hin. Statt zitternd am Felsen zu stehen, springen Sie ins Wasser und lassen Sie die Bilder auf sich herabstürzen.

285 Vom Geist erfüllt „Ich selbst bewirke nichts. Der Heilige Geist vollbringt alles durch mich." WILLIAM BLAKE (1757–1827)

286 **Die Nilflut** Im alten Ägypten war das jährliche Hochwasser des Nils wichtig für die Landwirtschaft, da es die Äcker fruchtbar machte. Die Ägypter feierten dieses Ereignis. Sie opferten der Flut Nahrung und widmeten ihr Gedichte; sie war die „Erleuchtung aus der Dunkelheit". Erweisen Sie dem kreativen Fluss, der Ihre Dunkelheit erhellt, Ihre Ehre. Meditieren Sie über die vielen Gaben, die er in Ihr Leben bringt.

287 **Ideenfluss** „Geradewegs fließen die Ideen in mich hinein: Sie stammen direkt von Gott." JOHANNES BRAHMS (1833–1897)

288 **Freies Zeichnen** Zeichnen Sie frei und spontan, was Ihnen in den Sinn kommt. Ohne Kritik verleihen Sie nur den Bildern Ihres Bewusstseins Ausdruck. Meditieren Sie nun darüber. Dabei entdecken Sie vielleicht eine tiefere Ebene Ihres Selbst, die in der Zeichnung authentisch dargestellt ist.

Sie können auch ganz abenteuerlich **spontan malen (289)** oder mit einem anderen Medium, wie zum Beispiel Ton, arbeiten.

290 **Helikon** In der Antike besuchten Dichter oft den Helikon (einen Berg in der Mitte Griechenlands) auf der Suche nach göttlicher Inspiration. Sie glaubten, dass an diesem heiligen Ort die neun Musen wohnten – die Göttinnen der Inspiration. Schließen Sie Ihre Augen und denken Sie an Ihren persönlichen Helikon – jemand aus Ihrem Freundeskreis oder Ihrer Familie, der Sie inspiriert. Visualisieren Sie diese Person und sprechen Sie mit ihr. Fühlen Sie sich durch ihre Präsenz erfrischt und inspiriert.

291 **Wie ein Drache im Wind** Paradoxerweise ist unsere Fantasie umso stärker, je mehr wir mit der Erde verbunden sind. Stellen Sie sich als Drachen vor, der hoch über den Wolken schwebt und sich vom Wind treiben lässt. Werden Sie sich gleichzeitig der Schnur bewusst, die Sie sicher mit dem Boden verbindet.

292 **Regenbogen** Visualisieren Sie sich in einem Regenbogen. Baden Sie in der Vielfalt der Farben. Stellen Sie sich die verschiedenen Farben vor, die der Schönheit des Geistes entspringen. Fühlen Sie sich vom bereichernden Licht verjüngt.

GEDULD

293 **Unendliche Erwartungen** „Wir müssen lernen, aufzuwachen und uns wach zu halten. Nicht durch mechanische Hilfe, sondern durch die unendliche Erwartung der Morgendämmerung." HENRY DAVID THOREAU (1817–1862)

294 **Das Maulbeerblatt** „Mit Geduld und Zeit wird ein Maulbeerblatt zum Seidenkleid." CHINESISCHES SPRICHWORT

295 **Welt ohne Uhren** Setzen Sie sich bequem hin und visualisieren Sie ein Land ohne Uhren, wo Menschen frei im Rhythmus ihres Körpers leben. Stellen Sie sich vor, wie das Leben dort wäre, ohne Anspannung, ohne Erwartungen und mit endloser Geduld. Übernehmen Sie dieses Gefühl in Ihren Alltag.

296 **Die Macht der Geduld** „Unsere Geduld wird mehr erreichen als unsere Macht." EDMUND BURKE (1729–1797)

297 **Trost finden** „Nichts ist so bitter, dass ein gefasstes Herz keinen Trost fände." SENECA (CA. 4 V. CHR.–65 N. CHR.)

298 **Unmittelbare Folgen** Endlose Geduld hat unmittelbar Folgen.

299 **Geduld mischen** Wenn wir uns in der Meditation nach innen wenden, entdecken wir alle Eigenschaften der Seele. Stellen Sie sich diese Eigenschaften als Farben auf einer Palette vor. Für Geduld mischen Sie zuerst Frieden und Liebe, um Glauben zu erhalten. Fügen Sie dann bedingungslose Akzeptanz hinzu. Malen Sie nun mit dieser Farbe das Innere Ihrer Seele aus.

Körper
und Seele

DER WACHSAME GEIST

300 Dem Geist ergeben „Dem stillen Geist ergibt sich das Universum." LAOTSE (CA. 604–531 V. CHR.)

301 Geist und Welt Meditieren Sie über die paradoxe Beziehung zwischen Geist und Welt. Ihr Geist ist in der Welt, während die Welt gleichzeitig in Ihrem Geist ist. Dieses Paradoxon ist das grundlegende Rätsel und Wunder des menschlichen Lebens. Behalten Sie es im Kopf. Was innen ist, ist auch außen, was außen ist, ist auch innen. Wiederholen Sie diesen Satz viele Male und prägen Sie sich dabei die zwei Richtungen des Satzes ein.

302 Verborgenes „Erkenne, was vor deinen Augen liegt, und das was verborgen ist, wird sich dir offenbaren." THOMASEVANGELIUM

303 Den Fokus wahren Diese Übung hilft Ihnen, sich besser zu konzentrieren. **1** Machen Sie einen Gegenstand, etwa ein Glas oder einen Bleistift, zum Fokus der Meditation. **2** Sitzen Sie bequem; der Gegenstand liegt gut sichtbar vor Ihnen. **3** Schließen Sie Ihre Augen und achten Sie einige Momente auf

Ihre Atmung. **4** Öffnen Sie Ihre Augen und fokussieren Sie sanft den Gegenstand. Beobachten Sie, wie Ihr Geist Sie ablenken möchte – etwa mit Erinnerungen, Fantasien oder Zukunftsängsten. Wenn Sie abgelenkt werden, konzentrieren Sie sich wieder auf den Gegenstand. **5** Machen Sie diese Übung drei bis fünf Minuten lang. Mit der Zeit wird Ihre geistige Disziplin besser und Sie können die Meditation länger durchführen.

304 **Das Innere beherrschen** „Beherrsche deinen Geist, anstatt vom Geist beherrscht zu werden." ÖSTLICHES SPRICHWORT

305 **Atemgefühl** Diese Meditation lenkt Ihre Sinne für eine bessere Konzentration nach innen. **1** Sitzen Sie bequem mit geschlossenen Augen. **2** Konzentrieren Sie sich auf den Ablauf des Atmens. Hören Sie den Klang des Atems; riechen Sie die Luft, die in Ihre Nase fließt; fühlen Sie das Heben und Senken Ihres Brustkorbs; visualisieren Sie, wie jeder Atemzug in die Lunge und wieder hinaus fließt. **3** Wenn Ihre Gedanken abschweifen, lenken Sie sie wieder auf den Atem zurück.

306 Der annehmende Himmel „Der allmächtige Himmel hindert weiße Wolken nicht an ihrem Flug." RYOKAN (1758–1831)

307 Vorbeiziehende Wolken Diese Meditation hilft Ihnen, die Nicht-Bindung zu fördern. **1** Sitzen Sie bequem mit geschlossenen Augen. **2** Konzentrieren Sie sich auf Ihren Atem, um sich im Körper zu verankern. **3** Beobachten Sie aufkommende Gedanken ohne Urteil oder Bindung. Lassen Sie sie auf dem Schirm Ihres Geistes wie Wolken am Himmel vorbeiziehen.

308 In stillen Tiefen „Wie müde Wellen fließt ein Gedanke nach dem anderen, doch die stille Tiefe darunter gehört ganz allein dir." GEORGE MACDONALD (1824–1905)

309 Weg „Worte und Verstand: Je mehr wir uns an sie klammern, desto weiter kommen wir vom Weg ab." HUINENG (638–713)

310 Gedankenbeobachtung Statt sich mit Ihren Gedanken zu identifizieren, versuchen Sie, distanziert und neutral zu beobachten, wie sie durch Ihr Bewusstsein eilen. Spielen Sie den Vogelkundler: Welche Art von Gedanken fliegt gerade vorbei? Sind sie hell und fröhlich oder eher graustichig? Wie bewegen sie sich? Entdecken Sie ihre Rastplätze, Gewohnheiten und Ausweichmanöver.

311 Klare Momente „Wenn du deinen Geist in jedem Moment rein hältst, kann dich nichts verwirren." SHENG YEN (1930–2009)

312 Traumdeutung Unsere Träume können uns Einblicke zu Situationen liefern, die uns im Wachzustand gerade beschäftigen. Bei der Analyse eines Traums neigt man oft dazu, schnell auf eine offensichtliche Deutungsmöglichkeit zurückzugreifen, ohne abzuwarten, ob sich noch alternative Deutungen zeigen. Um dies zu vermeiden, denken Sie länger über den Traum und seine verschiedenen Symbole nach. Betrachten Sie das Traumszenario aus der Perspektive jeder im Traum vorkommenden Person. Lassen Sie durch diese Kontemplation viele Deutungsmöglichkeiten aufkommen.

gewünschte Melodie herausholt, ohne dass ein bestimmter Teil unbewusst die Kontrolle übernimmt. Sinnieren Sie über Ihre dominanten Subpersönlichkeiten, etwa indem Sie Ihre Gedanken wertfrei beobachten. Identifizieren Sie die Charaktere hinter den Stimmen – zum Beispiel die klagende Stimme eines bedürftigen Kindes, die raue Stimme eines Sklaventreibers, die liebevolle Stimme einer fürsorglichen Mutter. Hören Sie jeder Stimme respektvoll zu – jede hat Ihnen etwas Wertvolles zu sagen. Durch mehrmaliges Wiederholen dieser Übung können Sie weitere Subpersönlichkeiten identifizieren, Ihre Selbstwahrnehmung schärfen und mehr Kontrolle über Ihr Handeln erlangen.

315 Spiegelungen „Der eine Mond erzeugt auf bewegtem Wasser viele Spiegelungen. Die eine endgültige Wirklichkeit erscheint einem von Gedanken verwirrten Geist wie unzählige Wirklichkeiten." *MAHARAMAYANA* (11. JAHRHUNDERT)

316 Zwischen den Stühlen Wenn Sie verwirrt oder unentschlossen sind, liegt das oft am Konflikt zweier unterschiedlicher Ichs.

Um ihn zu lösen, stellen Sie sich einen Dialog der beiden Parteien vor. Visualisieren Sie zwei sich gegenüberstehende Stühle. Sie sitzen im ersten Stuhl und betrachten die Situation aus der Sicht jenes Ichs, dem Sie am nächsten stehen. Erklären Sie die Haltung dieses Ichs dem anderen. Setzen Sie sich dann in den anderen Stuhl und beschreiben Sie die Situation aus der Sicht des zweiten Ichs. Führen Sie den Dialog zwischen den beiden Ichs fort, bis alles gesagt ist. Treten Sie nun von den Stühlen zurück und sehen Sie beide im Verhältnis zueinander. Welche Erkenntnis haben Sie aus beiden Perspektiven erlangt? Sehen Sie eine Möglichkeit der Versöhnung?

317 Der stille Teich „Lass deine Gedanken zur Ruhe kommen. Spüre dann, wie dein Geist klar wird wie ein stiller Teich im Wald." BUDDHA (CA. 563–CA. 460 V. CHR.)

318 Rat geben Auch wenn wir bei Problemen oft andere um Rat fragen, kennen wir meist schon die Lösung. Diese Meditation hilft Ihnen, auf dieses innere Wissen zu vertrauen. Sitzen Sie

bequem mit geschlossenen Augen und visualisieren Sie Ihr
Spiegelbild – Ihr Alter Ego. Erklären Sie Ihrem Alter Ego das
Problem so detailliert und aufrichtig wie möglich. Wenn Sie fertig sind, hören Sie Ihrem Alter Ego zu. Denken Sie nicht darüber
nach, was es sagen „sollte". Lassen Sie die Worte einfach entstehen. Ihr Alter Ego spricht aus Ihrem höheren Selbst und durch-
schaut auch Ihre besten Strategien der Selbsttäuschung.

319 **Die Kette lockern** „So wie eine Fahrradkette zu straff sein
kann, so können auch die Sorgfalt und die Gewissenhaftigkeit
eines Menschen so streng sein, dass der Geist nicht richtig fließen kann." WILLIAM JAMES (1842–1910)

DER UMGANG MIT GEFÜHLEN

320 **Stille und Veränderung** Mitten in Australien erhebt sich der gewaltige Felsen Ayers Rock über die Wüstenebene. Im Lauf des Tages verändert sich die Farbe des Felsens von Rosa- und Gold- zu Rot- und Indigotönen – Veränderungen, die im Widerspruch zur ruhigen Stille des Felsens stehen. Denken Sie darüber nach und verkörpern Sie die Eigenschaften des Felsens in Ihrem Alltag: Stille und Stärke angesichts wechselnder Gefühle.

321 **Gefühle loslassen** Gefühle scheinen unkontrollierbar – wir haben keine Wahl, außer sie zu empfinden. Aber die Gefühle herrschen über uns wie ein Tyrann. Erkennen Sie Gefühle als das, was sie sind, ohne Scham oder Schuld, und lassen Sie sie dann durch Sie hindurchziehen wie eine Brise durch die Blätter eines Baums. Denken Sie daran, dass Gefühle Ihr Verhalten nur dann verändern können, wenn Sie es zulassen.

322 **Wildpferde** Jeder von uns kennt das plötzliche Aufwallen von Gefühlen – und unser Verhalten dabei. Versuchen Sie, Gefühle von außen zu betrachten, so wie Sie in der Meditation Ihre Gedanken beobachten. Es ist wie das Beobachten von wilden Pferden: Sie spüren ihre Willenskraft, aber Sie wissen, es ist sicherer, nicht zu versuchen, sie zu reiten.

323 **Die Blüten des Schmerzes** Probleme, wie schwierige Gefühle, Menschen oder Situationen, gleichen sterbenden Pflanzen. Statt sie wegzuwerfen, müssen wir uns um sie kümmern und ihr Potenzial erkennen. Benetzen Sie ihre krummen Wurzeln mit Tränen des Mitgefühls. Baden Sie ihre Blätter im Licht und in der Wärme bedingungsloser Liebe. Sehen Sie, wie sie gedeihen und Blüten der Schönheit und Früchte der Einsicht tragen.

324 **Wellen** Diese Meditation hilft Ihnen, vergangenen Schmerz loszulassen, sodass Sie Ihr Leben weiterführen können. **1** Sitzen Sie bequem mit geschlossenen Augen und stellen Sie sich vor, Sie stehen an einem See. **2** Heben Sie vom Ufer einen Stein auf, der für ein vergangenes Ereignis steht, das Ihnen zu schaffen

macht. **3** Werfen Sie den Stein in den See und sehen Sie, wie die Wellen konzentrische Kreise an der Oberfläche bilden. **4** Lassen Sie alle Gefühle, die Ihre Erinnerung an das Ereignis hervorruft, als Wellen durch Ihren Körper ziehen, bevor sie spurlos verebben. Wie der See sind auch Sie nun völlig ruhig. Indem Sie Ihre Gefühle widerstandslos erfahren, können Sie diese loslassen und nach vorne schauen.

325 **Meerestiefen** „Meine Gefühle kommen und gehen wie die Wellen des Meeres, aber die Tiefe meines Seins bleibt auf ewig unverändert." MODERNE AFFIRMATION

326 **Das Kind wiegen** Eine häufige Reaktion auf emotionalen Schmerz ist es, ihn wegzuschieben. Dadurch wächst er aber im Inneren an und verzerrt unbemerkt unsere Gedanken. Visualisieren Sie Ihren emotionalen Schmerz stattdessen als weinendes Kind.

Halten Sie das Kind liebevoll im Arm und beruhigen Sie es mit sanften Worten, bis der Schmerz nachlässt.

327   **Der Fels** Der römische Kaiser Marc Aurel rät uns: „Sei wie der Fels, an dem sich beständig die Wellen brechen. Er bleibt stark, bis sich rings um ihn die Gewässer wieder beruhigen." Seien Sie stark und haben Sie Geduld, bis sich Ihre Gefühle wieder legen.

328   **Wolkenverhangen** Stimmungen ziehen durch uns hindurch wie Wolken über den Himmel. Lassen Sie sie ziehen; Sie wissen, dass Himmelblau die wahre Farbe der Seele ist. Jede Stimmung ist vergänglich, ob stürmisch und heftig, schwer, zäh und träge, oder wie ein zarter Schleier, der die Sonne verhüllt.

329   **Labyrinth des Feuers** Emotional aufgeladene Probleme sind besonders schwer zu lösen, da unser Urteilsvermögen oft getrübt ist. Stellen Sie sich in einem Heckenlabyrinth vor. Wenn schwierige Gefühle aufkommen, gehen die Hecken in Flammen auf. Denken Sie an dieses Bild, wenn Sie das Problem bewältigen. Ihr

Ziel ist es, die Mitte des Labyrinths zu erreichen, um das Problem zu lösen. Schwierige Gefühle schaden Ihren Erfolgsaussichten. Verhalten Sie sich analytisch und gelassen. Lassen Sie sich nicht von den Flammen behindern.

330   **Der zerbrochene Gong** „Wenn du wie ein zerbrochener Gong in Stille ruhst, hast du bereits den Himmel erreicht, denn der Zorn hat dich verlassen." *Dhammapada*, Teil des *Pali-Kanons* (ca. 500 v. Chr.–0)

331   **Entspannender Weihrauch** Gerüche sind im Gehirn eng mit Erinnerungen verbunden. Ein Geruch kann eine Erinnerung hervorrufen und so auch eine Stimmung. Auf diese Weise kann man mit bestimmten Gerüchen den Geist beruhigen – nützlich vor einer Meditation. Machen Sie diese Übung zum ersten Mal, wenn Sie sich bereits ruhig fühlen. Sitzen Sie bequem, entzünden Sie etwas Weihrauch und schließen Sie Ihre Augen. Konzentrieren Sie sich beim Atmen auf den Duft des Weihrauchs, der in Ihre Nase dringt. Visualisieren Sie ihn als Licht, das Ihren Körper mit fließen-

der Gelassenheit durchflutet. Setzen Sie mindestens fünf Minuten fort. Machen Sie diese Übung vor Ihrer Meditation, wenn Sie sich aufgewühlt fühlen. Sie wirkt nicht nur beruhigend, sondern erinnert Sie auch an die Art der Ruhe, die Sie beim ersten Mal empfunden haben.

332 **Der Trost der Musik** „Es fließt mir das Herz über vor Dankbarkeit gegen die Musik, die mich so oft erquickt und aus großen Nöten errettet hat." MARTIN LUTHER (1483–1546)

333 **Musiklandschaften** Manche Arten von Musik können vor einer Meditation Ihre Gefühle harmonisieren. Wählen Sie die Musik je nach Stimmung aus: etwas Aufbauendes, wenn Sie sich träge fühlen; etwas Ruhiges, wenn Sie aufgewühlt sind. Lassen Sie beim Hören Ihrer Fantasie freien Lauf. Beobachten Sie die Bilder, die aufgrund der Musik durch Ihr Bewusstsein ziehen.

334 **Negativität loslassen** Schließen Sie Ihre Augen und konzentrieren Sie sich auf Ihren Atem. Visualisieren Sie beim Einatmen

reines weißes Licht, das über Ihre Nase Ihr Wesen erfüllt.
Visualisieren Sie beim Ausatmen, wie alle negativen Gedanken
und schmerzhaften Gefühle wie ein trüber Strahl aus Ihrer Nase
fließen. Halten Sie die Bilder aufrecht, während Sie weiteratmen.

335 **Gehen als Lösung** Der lateinische Spruch *Solvitur ambulando*
bedeutet: „im Gehen findet sich die Lösung". Wenn sie schweren
Gefühlen ausgesetzt sind, gehen Sie für mindestens zwanzig
Minuten spazieren, am Besten in der Natur – in einem Park, im
Wald oder zwischen Hügeln. Passen Sie Ihren Geist an den
Rhythmus Ihrer Schritte an. Verbannen Sie jeden irrigen Gedanken
aus Ihrem Kopf. Am Ende Ihres Spaziergangs sehen Sie die Dinge
aus einer wahrhaftigeren Perspektive.

336 **Energien** „Ich bin entschlossen, die lohnenswertesten Wege für
meine Energien zu finden, und arbeite daran, meine Gefühle in
die anregenden Energien des
Geistes zu verwandeln."
MODERNE AFFIRMATION

VERKÖRPERUNG

337   **Kinhin**   *Kinhin*, eine Meditation aus dem Soto-Zen, macht die Verbindung zwischen Körper und Seele bewusst. **1** Finden Sie draußen einen Ort, wo Sie drei Meter geradeaus gehen können. **2** Legen Sie Ihre rechte Faust (Daumen nach innen) knapp über Ihren Nabel und legen Sie Ihre linke Hand darauf, Ellbogen im rechten Winkel. **3** Rücken Sie langsam mit jedem Schritt 15 cm vorwärts. Atmen und gehen Sie im selben Rhythmus: Einatmen und den hinteren Fuß heben; ausatmen und ihn nach vorne setzen. Konzentrieren Sie sich auf die Bewegung und den Boden.

338   **Achtsame Aktivität**   „Wenn du gehst, gehe. Wenn du sitzt, sitze. Aber schwanke nicht." ZEN-WEISHEIT

339   **Den Körper spüren**   Liegen Sie am Rücken, mit den Armen an den Seiten und geschlossenen Augen. Achten Sie auf Ihre Zehen: Spannen Sie die Muskeln drei Sekunden lang an, entspannen Sie dann wieder. Führen Sie Ihr Bewusstsein Ihren Körper hinauf und wiederholen Sie diese Übung mit den wichtigsten Muskeln von Beinen, Armen, Bauch, Brust, Schultern, Hals und Kopf. Erweitern

Sie die Aufmerksamkeit auf den gesamten Körper. Genießen Sie das Gefühl, völlig präsent in Ihrem Körper und im Einklang mit ihm zu sein.

340 **Tastsinn** Sitzen Sie bequem mit geschlossenen Augen. Achten Sie auf die Fläche, auf der Sie sitzen, und wie sie Ihren Körper stützt. Lenken Sie Ihre Aufmerksamkeit nun auch auf das Gefühl der Kleider auf Ihrer Haut. Wie fühlen sie sich an? Spüren Sie die unterschiedlichen Stoffe? Wenn Sie Ihren Tastsinn sensibilisieren, fühlen Sie sich präsenter in Ihrem Körper.

341 **Meditative Massage** Mit dieser Übung können Sie vor einer Meditation Spannungen lösen, um leichter still sitzen zu können. Sitzen Sie bequem mit geschlossenen Augen. Stellen Sie sich vor, jemand massiert Ihre Schultern. Spüren Sie, wie sie sich entspannen. Lassen Sie auch andere Bereiche massieren. Setzen Sie die Visualisierung fort, bis Sie sich entspannt und locker fühlen.

Oder stellen Sie sich vor, wie Sie **einen lieben Menschen massieren (342)** – wie die Liebe aus Ihren Armen in ihn hineinfließt.

343 **In der Welt leben** „Schließe den Geist aus, nicht die Bewegungen; lebe weiter in der Welt von Mann und Frau. Fehlt ein Baum? Pflanze einen. Kein Berg da? Sieh dir ein Bild an. Inmitten des Lärms bin ich nicht aufgeregt. Hierin liegt wahre Bedeutung." CHIAO-JAN (730–799)

344 **Geistiges Sehen** Der Sehsinn steht in Verbindung zur geistigen Eigenschaft der Einsicht. Um auf sie zuzugreifen, achten Sie auf das, was Sie sehen, etwa indem Sie sich auf einen Gegenstand vor Ihnen konzentrieren. Schließen Sie dann Ihre Augen und schauen Sie nach innen. Seien Sie sich Ihrer Augen bewusst und lenken Sie den Blick fantasievoll auf Ihr Inneres. Was sieht Ihr inneres Auge? Mit der Zeit gelangen Sie zu größerer Einsicht.

Wenden Sie diese Technik auf Ihr **Gehör (345)** an, um ruhigere Gedanken zu erhalten, sowie auf Ihr **Fühlen (346)**, um auf Ihre Intuition zugreifen zu können.

347 **Bewusst im Moment** „Wenn [der Meditierende] lang einatmet, weiß er, dass er lang einatmet; wenn er kurz einatmet, weiß er, dass er kurz einatmet." *ANAPANASATI SUTRA* (CA. 300–CA. 100 V. CHR.)

348 **Sterne und Sonnenlicht** „Der menschliche Körper ist durch das Sonnenlicht verstofflichter Dunst, gemischt mit dem Leben der Sterne." PARACELSUS (1493–1541)

349 **Tiefes Atmen** In dieser yogischen Meditation wird tiefes Atmen mit Armbewegungen abgestimmt, um Geist und Körper zu einen. **1** Liegen Sie am Rücken, Arme an den Seiten. **2** Schließen Sie Ihre Augen. Atmen Sie konzentriert durch die Nase. **3** Einatmen: Zählen Sie bis fünf. Ausatmen: Zählen Sie bis zehn. **4** Wiederholen Sie das dreimal und spüren Sie, wie die Entspannung Ihren Körper durchdringt. **5** Atmen Sie noch fünfmal. Legen Sie diesmal Ihre Arme beim Einatmen über Ihren Kopf und beim Ausatmen wieder an Ihre Seiten.

350 **Balance** „Wenn du mit beiden Füßen am Boden stehst, wirst du immer die Balance behalten." LAOTSE (CA. 604–531 V. CHR.)

351 **Atem und Geist** „Wenn der Atem unregelmäßig fließt, ist auch der Geist unruhig; aber wenn der Atem ruhig ist, dann ist es auch der Geist." *Hathayogapradipika* (14. Jahrhundert)

352 **Herzschlag** Eine Meditation über unseren Herzschlag verbindet uns mit dem Puls des Lebens in unserem Körper. Sitzen Sie bequem an einem ruhigen Ort. Schließen Sie Ihre Augen und legen Sie Ihre Hand auf die linke Seite Ihrer Brust. Fühlen Sie Ihren Herzschlag. Vielleicht hören Sie auch das Blut in Ihren Ohren pulsieren. Visualisieren Sie dabei, wie Ihr Herz das Blut durch Ihren Körper pumpt. Behalten Sie dieses Bild im Kopf und lassen Sie Ihr Bewusstsein mit der pulsierenden Energie der durchströmenden Lebenskraft verschmelzen.

353 **Kreativer Tänzer** „Stell dir einen Tänzer vor, der nach langer Zeit des Übens, des Gebets und der Inspiration einen so hohen Grad der Erkenntnis erreicht hat, dass sein Körper die leuchtende Manifestation seiner Seele ist; dessen Körper im Einklang mit einer inneren Musik tanzt, als Ausdruck einer anderen, tiefsinnigeren

Welt. Das ist der wahrhaft kreative Tänzer ... der durch die Bewegung aus sich selbst und aus etwas Größerem als jedem Selbst spricht." ISADORA DUNCAN (1878–1927)

354 Seelentanz Meditative Bewegung aus dem Inneren – aus unbewussten Impulsen, statt aus dem Bewusstsein – ist eine Form dessen, was Jung „aktive Imagination" nannte. Bei diesem Prozess bringt der kreative Akt Unbewusstes ins Bewusstsein. Legen Sie sich in der Embryonalhaltung auf den Boden. Schließen Sie Ihre Augen und konzentrieren Sie sich auf die Empfindungen in Ihrem Körper. Wenn Sie bereit sind, bewegen Sie sich. Folgen Sie den inneren Impulsen Ihres Körpers, statt ihn mit dem Verstand steuern zu wollen. Beobachten Sie die aufkommenden Gefühle bei Ihren Bewegungen.

355 Spiegel „Das Selbst existiert im Inneren sowie außerhalb des Körpers, wie ein Bild im Spiegel auch außerhalb des Spiegels existiert." ASHTAVAKRA GITA (CA. 200 V. CHR.–CA. 200 N. CHR.)

FEINSTOFFLICHE ENERGIEN

356 **Der feinstoffliche Körper** Wir haben zwei Körper – den stofflichen und den feinstofflichen. Der feinstoffliche Körper ist Licht, das unsere Gestalt umgibt. Sitzen Sie still mit geschlossenen Augen und visualisieren Sie Ihren feinstofflichen Körper. Stellen Sie sich vor, wie Sie mit ihm aufstehen und ein kurzes Stück gehen, während Ihr stoffliches Selbst zurückbleibt. Blicken Sie zurück auf Ihren sitzenden Körper. Beobachten Sie, wie losgelöst und dennoch präsent Sie sich fühlen, mit ruhigem Geist.

Machen Sie auch **einen Spaziergang (357)** in Ihrem feinstofflichen Körper oder **fliegen (358)** Sie schwerelos davon.

359 **Vokale** Mystische Traditionen lehren, dass jeder Vokal einem Energiepunkt im Körper entspricht. Jedes dieser Zentren wird durch den Klang des Basisvokals geöffnet und energetisiert. Diesen Vorgang nennt man „Tönen". Um mit dem Tönen zu beginnen, singen Sie die Vokale „A, E, I, O, U" vom eingestrichenen C bis zum G. Wiederholen Sie die Noten dann mit geschlossenem Mund. Dabei entstehen innere Schwingungen, die Energieblockaden lösen und die Chakren ausbalancieren.

Mit etwas Übung können Sie auch folgende Varianten versuchen: Legen Sie die Zunge bei geschlossenem Mund so, dass Sie
die Töne in Ihre Nasenhöhle führen und **summend klingen
(360)**; oder formen Sie mit den Lippen ein „O" und lassen Sie
die Töne **Walgesängen (361)** ähneln.

362 **Wechselatmung** Mit dieser Übung beeinflussen Sie den
Energiefluss durch die *Nadis* (Energiekanäle) im Körper.
1 Ändern Sie den Luftfluss, indem Sie Ihr rechtes Nasenloch mit
dem rechten Daumen schließen und durch das linke Nasenloch
einatmen. **2** Lassen Sie los und schließen Sie mit dem Ringfinger
und dem kleinen Finger der rechten Hand Ihr linkes Nasenloch
und atmen Sie durch das rechte aus. **3** Atmen Sie dann durch
das rechte Nasenloch ein. Schließen Sie es dann mit Ihrem
Daumen, lassen Sie Ring- und kleinen Finger los und atmen Sie
durch das linke Nasenloch aus. **4** Achtmal wiederholen.

363 **Das Halschakra** Visualisieren Sie eine blaue Scheibe, die sich
vorne an Ihrem Hals dreht, um das *Vishuddha*- oder Halschakra,

dem Blautöne zugeordnet werden, zu befreien. Dies hilft bei Problemen, sich verbal auszudrücken.

Legen Sie sich dann auf den Rücken und setzen Sie einen kleinen **blauen Stein oder Kristall (364)** auf Ihren Hals. Schließen Sie Ihre Augen. Konzentrieren Sie sich auf den Stein. Fühlen Sie, wie seine Kraft die Energie an Ihrem Hals aktiviert.

365 Regenbogenmeditation Farben sind Lichtwellen, die direkt auf Körper und Seele wirken. In der Meditation können sie unsere Gefühle und Wahrnehmungen beeinflussen. Wählen Sie für diese Meditation eine Farbe, die jene Eigenschaften verkörpert, die Sie in diesem Moment gerne fördern möchten (siehe S. 192). Schneiden Sie dann in dieser Farbe ein Viereck oder einen Kreis aus Papier oder Stoff aus und verwenden Sie die

Form als Fokus für Ihre Meditation.

Sie können auch ein **buntes Objekt (366)** nehmen, sodass Farbe statt Form Ihr Bewusstsein dominiert. Oder **visualisieren Sie eine Farbe (367)** und erfüllen Sie damit Ihren Geist.

368 **Kristallmeditation** Kristalle sind mit ihren feinen Energien, die Gefühle und Wahrnehmung beeinflussen, der ideale Fokus für die Meditation. Wählen Sie Ihren Kristall intuitiv: Der Stein, dessen Qualitäten Sie brauchen, wird Sie anziehen.

Oder wählen Sie den Stein passend zu Ihrer Situation. Der **Amethyst (369)** besitzt heilende Kräfte. Der grüne **Aventurin (370)** ordnet gedankliches Chaos. Der orangerote **Karneol (371)** steigert Energie und Motivation. **Bergkristall (372)** schenkt Kraft und Schutz. **Rosenquarz (373)** hilft uns, uns selbst anzunehmen und uns liebenswert zu fühlen. Der blau-weiße **Sodalith (374)** verleiht Klarheit und Ausdruckskraft. Das braun und gelb gestreifte **Tigerauge (375)** fördert Mut und Zuversicht. Der gelbe **Kalzit (376)** löst Depressionen und bringt innere Stärke und Frieden.

377 **Freundschaft** Laut der Bibel ist ein treuer Freund die Medizin des Lebens. Ein guter Freund macht Ihr Leben leichter. Haben Sie viele solcher Freunde. Schenken auch Sie Ihnen Zuneigung und Unterstützung. Denken Sie oft an sie. Ihre heilenden Kräfte sind unbezahlbar.

378 **Wunden heilen** Die tiefsten Wunden in unserer Seele fügen wir uns selbst zu. Nicht die Kränkung eines Menschen verletzt uns so sehr, sondern das Durchdenken dieser Kränkung, das die Wunde vertieft. Seelische Narben heilen wir mit Verständnis und Mitgefühl und dem Verband der Liebe. Denken Sie in einer Meditation zuerst an eine schmerzvolle seelische Wunde. Erkennen Sie, wie Sie sie durch gedankliches Wiederaufleben vertieft haben.

Vergeben Sie sich selbst und senden Sie dem Verursacher die Schwingungen der Vergebung. Erfüllen Sie Ihre Wunde mit Licht. Fühlen Sie, wie der Schmerz vergeht.

379   Stille Einkehr „Wahre Stille ist die Ruhe des Geistes; sie ist für die Seele, was der Schlaf für den Leib ist: Nahrung und Erfrischung." WILLIAM PENN (1644–1718)

380   Endlich frei Gefühle sind bewegte Energie. Werden Gefühle unterdrückt, blockiert dies die Energie und schadet Körper und Geist. Stellen Sie sich gefangene Wildtiere in einem Käfig vor. Welche Gefühle verkörpern sie? Ähnelt ihre Haltung im Käfig Ihrem eigenen Verhalten? Lassen Sie die Tiere nun frei. Sehen Sie zu, wie sie davonlaufen, bis sie am Horizont verschwinden. Nun sind Sie frei.

381   Heilende Pfeile Mithilfe unserer emotionalen Wunden können wir auch andere heilen. Meditieren Sie über Ihre tiefste Wunde. Stellen Sie sich einen Pfeil vor, der in Ihnen steckt. Ziehen Sie ihn unter Schmerzen heraus und berühren Sie jemanden damit wie mit einem Zauberstab. Durch die Berührung schließt sich die Wunde dieser Person. Nehmen Sie Ihr Leid als Quelle heilender Energien wahr.

382   Taufe durch Leiden „Tiefes, unaussprechliches Leiden kann man wohl eine Taufe, eine Wiedergeburt, den Beginn eines neuen Lebens nennen." GEORGE ELIOT (1819–1880)

383   Scham auflösen Scham ist eine emotionale Reaktion auf Demütigung. Wenn wir uns damit identifizieren, vergiftet sie uns und wir verstecken unser wahres Ich vor anderen. Um Schamgefühle aufzulösen, atmen Sie mehrmals tief durch und schauen Sie nach innen. Spüren Sie Gefühle der Scham oder des Selbstekels in Ihrem Köper auf. Visualisieren Sie diese Gefühle als grünes Gift, das Ihren Körper verschmutzt. Stellen Sie sich nun vor, wie weißes

Licht über Ihren Scheitel in Sie fließt und Ihr Wesen durchdringt. Sehen Sie, wie sich das Grün auflöst und Ihr Körper von innen heraus gereinigt wird. Fühlen Sie den Ekel schwinden.

384 **Die Kraft des Gebets** „Das Gebet des Herzens ist die Quelle alles Guten, erfrischend für die Seele, als wäre es ein Garten."
GREGOR VOM SINAI (GEST. 1360)

385 **Das innere Kind** Viele unserer emotionalen Wunden wurden uns in der Kindheit zugefügt. Eine Möglichkeit, sie zu heilen, ist es, das innere Kind zu trösten. Stellen Sie sich ein Kind vor. Sie blicken auf es herab und erkennen, dass Sie dieses Kind waren. Knien Sie sich hin und stellen Sie sich dem Kind vor. Ermutigen Sie es, zu Ihnen zu kommen. Wenn es möchte, umarmen Sie es liebevoll und drücken Sie es an Ihr Herz. Versichern Sie dem Kind, dass es in Ihren Armen sicher ist und dass Sie es immer beschützen werden.

386 **Sich vergeben** Wenn wir etwas tun, das unsere Moral verletzt, fühlen wir uns schuldig. Diese Gefühle durchdringen die Psyche wie der Geruch schmutziger Wäsche. Das Waschen der seelischen Schmutzwäsche ist für unsere innere Ruhe unerlässlich. Stellen Sie sich vor, Sie betreten das Haus Ihrer Psyche. Suchen Sie nach den

dreckigen Kleidern und erkennen Sie die damit symbolisierten
Fehler. Waschen Sie die Wäsche im Wasser der Selbstvergebung
und spüren Sie, wie sich Ihre Schuld auflöst.

387   **Das göttliche Kind**   Der jungsche Archetyp des göttlichen
Kindes verkörpert unsere angeborene Unschuld und Verletzlich-
keit. Oft lehnen wir diese kindlichen Eigenschaften auf dem Weg
zur Reife ab, aber wenn wir diese Qualitäten in uns schätzen, können sie zur Transformation führen.

388   **Kinderherz**   „Ein großer Mensch ist der, der sein Kinderherz
nicht verloren hat." MENG-TSE (CA. 372–CA. 289 V. CHR.)

389   **Neue Eltern**   Visualisieren Sie die perfekten Eltern. Welche
Eigenschaften hätten sie? Arbeiten Sie eine Woche lang täglich an
diesem Bild. Wenn es fertig ist, stellen Sie sich Ihren imaginären
Eltern vor und beginnen Sie, eine liebevolle Beziehung zu ihnen
aufzubauen.

KRANKHEIT MEISTERN

390 **Schmerz** Körperliche Schmerzen sind eine Botschaft des Körpers. Zu oft unterdrücken wir den Schmerz jedoch, ohne etwas daraus zu lernen. Wenn Sie das nächste Mal Schmerzen verspüren, visualisieren Sie sie als Gestalt. Fragen Sie Ihre Schmerzen, was sie Ihnen sagen möchten. Vielleicht warnen sie Sie vor einem zugrundeliegenden, körperlichen Problem oder einem versteckten Gefühlsthema. Hören Sie auf ihren Rat.

391 **Ungewissheit** Das Warten auf die Ergebnisse einer ärztlichen Untersuchung kann sehr belastend sein. In diesen Zeiten müssen wir uns daran erinnern, dass das Leben weitergeht. Auch wenn der Körper geschwächt ist, strahlt die Seele ungetrübt. Wir müssen akzeptieren, dass wir nicht perfekt sind, aber dennoch weitermachen, denn die Seele wohnt in einem schönen Haus auf wackligem Grund.

392 **Entlastung für den Geist** „Statt den Körper zu entlasten, entlaste den Geist: Wenn der Geist ruht, geht es auch dem Körper gut." MUMON (1900–1988)

393 **Das innere Tier** Die Heilung von Krankheit hängt auch von jener der Seele ab. Die Seele lebt von der Fantasie, bekämpfen Sie daher Ihre Krankheit, indem Sie Ihre Symptome fantasievoll behandeln. Machen Sie sich den Moment bewusst und visualisieren Sie Ihre Krankheit als ein Tier. Beobachten Sie sein Verhalten. Interagieren Sie mit ihm, wenn Sie möchten. Welche Hinweise auf die Art Ihrer Krankheit geben Ihnen die Gattung des Tiers und seine Launen. Wie könnten Sie sich Heilung verschaffen?

394 **Heilende Gedanken** In der Meditation können wir den Heilungsprozess durch positive, das Immunsystem stärkende Gedanken unterstützen. Geben Sie sich still der Heilung hin. Schicken Sie Ihrem Körper liebevolle Gedanken. Stellen Sie sich vor, wie diese in Ihre Zellen vordringen und sie stärken. Sehen Sie Ihren wieder gesunden Körper vor Ihrem inneren Auge.

395 **Auge des Horus** Horus war der ägyptische Himmelsgott, dargestellt als Falke. Der Mond verkörperte sein linkes Auge, die Sonne sein rechtes. Der Sage zufolge erweckte das Licht des Mondauges den zerstückelten Körper des Gottes Osiris, der von seinem Bruder ermordet wurde, in der Unterwelt zum Leben. Eine Meditation über das Horusauge bringt Ganzheit in Ihr Leben.

396 **Heilende Hände** Über unsere Hände können wir heilende Energien in schmerzende oder erkrankte Körperteile lenken – bei uns selbst oder bei anderen. Richten Sie zuerst Ihr Bewusstsein auf Ihre Hände, für eine warme, sanfte Berührung. Legen Sie Ihre Hände auf den betroffenen Körperteil. Schließen Sie Ihre Augen und stellen Sie sich weiße, heilende Energie vor, die durch Ihren Kopf in die Arme und Hände, und dann in den Körper fließt. Vielleicht spüren Sie ein Kribbeln in den Händen. Setzen Sie fünf Minuten damit fort, bis der Schmerz nachlässt.

397 Gewinn für die Seele „Es gibt kein Leiden des Körpers, von dem die Seele nicht profitiert." GEORGE MEREDITH (1828–1909)

398 Tempel der Heilung Stellen Sie sich einen für Sie heilsamen Ort vor – vielleicht Ihr Kinderzimmer oder einen Urlaubsort. Besuchen Sie in Gedanken diesen Ort, wenn Sie krank sind.

399 Ausgleichendes Mudra Machen Sie zu Beginn Ihrer Meditation das *Matangi-Mudra* (siehe S. 86), um Körper und Seele ins Gleichgewicht zu bringen. Falten Sie Ihre Hände und halten Sie sie auf der Höhe Ihres Solarplexus. Strecken Sie die Mittelfinger aus und bilden Sie mit ihnen eine Spitze. Halten Sie dieses Mudra mit geschlossenen Augen einige Minuten lang und beobachten Sie aufkommende Gedanken und Gefühle.

WOHLBEFINDEN

400   **Fluss des Universums** „Die Energie des Universums fließt durch mich und erhält mein Wohlbefinden. Ich setze heilende Energie für mich und die Erde frei." MODERNE AFFIRMATION

401   **Wunder des Lebens** „Alles ist klar. Ich sehe die Landschaft vor mir. Ich sehe meine Hände, Füße, Zehen, und ich rieche den üppigen Schlamm des Flusses. Ich fühle eine große Fremdheit und staune über das Leben." BUDDHA (CA. 563–CA. 460 V. CHR.)

402   **Ganz werden** „Ganzheit" können wir erfahren, wenn wir uns all unserer Eigenschaften und Möglichkeiten bewusst sind. Preisen Sie Körper, Geist und Seele. Für den Geist setzen Sie Ihren Verstand konstruktiv und kreativ ein. Für den Körper fördern Sie Ihr Wohlbefinden und die Verbindung zu allen Lebewesen. Für die Seele seien Sie liebevoll, ehren Sie das ewige Rätsel, das dem Leben Sinn verleiht, und leben Sie nach geistigen Werten.

403   **Ganzheit** „Sei wirklich ganz und alle Dinge werden zu dir kommen." LAOTSE (CA. 604–531 V. CHR.)

404 **Feueratem** Diese Übung stärkt das *Prana* (die Lebenskraft) und
soll Sauerstoff ins Blut bringen, die Organe reinigen und den
Organismus stärken. Machen Sie die Übung vor Ihrer täglichen
Meditation, als Training für Körper und Geist. Atmen Sie tief ein,
füllen Sie Ihre Lungen. Atmen Sie rasch und stoßweise mithilfe
Ihrer Bauchmuskeln aus. Atmen Sie ein bis zwei Minuten auf diese
Weise. Hören Sie auf, wenn Sie sich unwohl fühlen.

405 **Stille** „Du musst lernen, inmitten von Aktivität still und in der
Ruhe lebendig zu sein." MAHATMA GANDHI (1869–1948)

406 **Energie schenken** Anderen Energie zu schenken und nichts
dafür zu erwarten, sorgt für geistiges Wohlbefinden. Bereiten Sie
sich in Ihrer Morgenmeditation auf die täglichen Gaben vor,
indem Sie sich vorstellen, wie kosmische Energien in Sie fließen.
Denken Sie dann an den kommenden Tag. Schenken Sie in jeder
Interaktion Ihre Energie, Aufmerksamkeit und Anerkennung, ohne
eine Gegenleistung zu erwarten. Planen Sie Pausen im Tag ein,
um Ihre spirituellen Batterien wieder aufzuladen.

407 **Die Archetypen** Nach Jung wird die Geschlechtsidentität von Archetypen beeinflusst: Krieger, Liebender, Zauberer und König – männlich; Amazone, Hetäre (Liebesgöttin), weise Frau und Mutter – weiblich. Die Psyche einer Person enthält alle vier Archetypen, aber oft identifiziert sie sich vor allem mit einem davon und lehnt die anderen ab. Für Jung gehörte zur psychischen Ganzheit das Annehmen *aller* Archetypen und der Rollen, die sie in unserem Leben spielen. Schließen Sie Ihre Augen und visualisieren Sie alle vier Typen. Stellen Sie sich jedem vor, erst dem, mit dem Sie sich am vertrautesten fühlen, dann den anderen Typen. Wiederholen Sie diese Übung regelmäßig. Wenn Sie jeden Archetyp besser kennenlernen, werden Sie allmählich ihren Einfluss in Ihrem Leben annehmen können.

408 **Spannungen lösen** Liegen Sie bequem mit geschlossenen Augen. Suchen Sie Ihren Körper auf angespannte Bereiche ab. Atmen Sie in diese Stellen hinein. Sehen Sie Ihren Atem als weißes Licht, das die Spannungen umgibt und auflöst. Durchfluten Sie Ihren Körper ganzheitlich mit Licht und Entspannung.

409 **Sonnenatmung** Lösen Sie mit dieser Atemübung vor einer Meditation körperliche Spannungen. Stehen Sie aufrecht, Hände an den Seiten. Atmen Sie in den Bauch, strecken Sie Ihre Arme aus. Atmen Sie in die Mitte Ihrer Brust und führen Sie Ihre Hände in eine Gebetshaltung vor Ihr Herz. Heben Sie Ihre Hände über den Kopf und atmen Sie in Ihren oberen Brustkorb. Senken Sie beim Ausatmen Ihre Hände wieder. Wiederholen Sie diese Übung neunmal.

410 **Drei-Stufen-Atmung** Diese Übung verlangsamt, vertieft und kontrolliert den Atem, und erzeugt einen meditativen Zustand.
1 Sitzen Sie bequem mit geschlossenen Augen. Legen Sie eine Hand auf den Bauch und eine auf die Brust. **2** Atmen Sie jeweils drei Sekunden lang in den Bauch, in Ihre Brust und in Ihren Hals. **3** Atmen Sie anschließend jeweils drei Sekunden lang aus Ihrem Bauch, Ihrer Brust und Ihrem Hals aus. Fühlen Sie mit Ihren Händen, ob Sie richtig atmen. **4** Wiederholen Sie diese Übung neunmal.

411   **Das heilige Gewand** „Der Körper ist ein heiliges Gewand. Es ist dein erstes und letztes Gewand; du betrittst in ihm das Leben und du verlässt es wieder darin. Es sollte mit Würde und Respekt behandelt werden." MARTHA GRAHAM (1894–1991)

412   **Ätherische Öle** Die ätherischen Öle aus Pflanzen können sich stark auf unsere Gefühle auswirken. Pur oder gemischt kann man sie für Inhalation, Massagen, Kompressen, Bäder und in Duftlampen nutzen. Wie Sie das Öl auch verwenden, konzentrieren Sie sich für die volle Wirkung eine Zeit lang auf seinen Geruch.

Manche ätherischen Öle sind besonders entspannend und bereiten gut auf eine Meditation vor: **Kamille (413)** mit Apfelduft beruhigt die Nerven und ist für sensible Haut geeignet; der holzige **Weihrauch (414)** beruhigt und entspannt; **Jasmin (415)** duftet süß und wirkt stimmungsaufhellend; der frische Duft des **Lavendels (416)** ist schmerzlindernd und beruhigend und hilft bei Schlaflosigkeit, Depression, Schmerzen und Wunden; **Neroli (417)** mit seinem süßen Aroma spendet Trost und kann bei Angst und Schlaflosigkeit angewendet werden; der exotische **Ylang-**

Ylang (418) wirkt stimmungsaufhellend und beruhigend, und mildert Ängste.

419 Erneuerung „Erneuere dich jeden Tag; mache es wieder und wieder und wieder, immer wieder." CHINESISCHES SPRICHWORT

420 Mit Musik entspannen Wissenschaftler haben nachgewiesen, dass langsame Musik, etwa gregorianische Gesänge, die Gehirnwellen entspannend beeinflusst. Schließen Sie beim Hören Ihre Augen und erfüllen Sie Ihren Körper mit den Klängen. Spannungen und Unwohlsein werden gelöst.

421 Schlafmudra Das *Shakti-Mudra* (siehe S. 86) dient der Entspannung am Abend. Sitzen Sie bequem, mit den Daumen in Ihren Handflächen, von Zeige- und Mittelfinger umschlossen. Legen Sie die Hände so aneinander, dass sich die Spitzen des Ringfingers und kleinen Fingers berühren. Schließen Sie die Augen und verlangsamen Sie konzentriert die Atmung und den Gedankenfluss. Halten Sie das *Mudra* für fünf bis zehn Minuten.

422   **Pfad des Friedens** „Harmonie beim Essen und Ruhen,
Schlafen und Wachen: Gleichgewicht in allem, was du tust. Das ist
der Pfad zum Frieden." *BHAGAVAD GITA* (1. ODER 2. JAHRHUNDERT)

423   **Mit Bildern in den Schlaf** Manche Menschen können erhol-
same Träume hervorrufen, indem Sie vor dem Zubettgehen ein
paar Minuten lang über ein Bild meditieren, das sie mit Glück
oder Frieden verbinden – etwa ein Bild von zu Hause, einer
Landschaft oder einem lieben Freund. Dabei dringt das Bild ins
Unterbewusstsein, wo es böse Träume abwehrt.

Heim
und Familie

424 **Entscheidung** „Die Entscheidung, ein Kind zu haben, ist folgenschwer. Denn man beschließt, dass sein Herz außerhalb des eigenen Körpers herumläuft." ELIZABETH STONE (20. JAHRHUNDERT)

425 **Bauchgefühl** Diese Meditation ist für Schwangere. Sitzen Sie bequem und legen Sie die Hände auf Ihren Bauch. Visualisieren Sie Ihre Schwangerschaft als unaufhaltsamen Fluss, von der Quelle bis ins Meer. Denken Sie an das Wasserplätschern als erste Laute Ihres Kindes. Sehen Sie, wie der Fluss Mineralien aus der Erde zieht – die Nährstoffe Ihres lebensspendenden Körpers. Vertrauen Sie auf den natürlichen Vorgang der Schwangerschaft.

Im siebten Monat ist das Kind im Mutterleib fast vollständig entwickelt, mit Wimpern, Fingerabdrücken und gutem Gehör. Zu dieser Zeit feiert man in vielen Kulturen die Ausprägung neuen Lebens und bereitet das Kind auf seinen Eintritt in die Welt vor. Feierlich schließen Sie Ihre Augen, stellen Sie sich **Ihr Zuhause (426)** im Detail vor und beschreiben Sie es in gesprochenen Worten – als beruhigende Meditation für sich selbst und als symbolisches Geschenk für Ihr ungeborenes Kind.

427 **Das ungeborene Kind** Diese Meditation ist für werdende Väter oder Mütter gedacht. Schließen Sie Ihre Augen und visualisieren Sie das Kind im Mutterleib. Stellen Sie sich vor, wie sanfte, liebevolle Energie aus Ihrem Herzen in den Bauch fließt und das Kind warm umhüllt. Versprechen Sie Ihrem Kind, dass Sie für es sorgen und es nach besten Kräften beschützen werden.

428 **Wunder** „Bevor ich dich empfing, ersehnte ich dich. Bevor du geboren wurdest, liebte ich dich. Du warst noch keine Stunde geboren, da wäre ich schon für dich gestorben. Das ist das

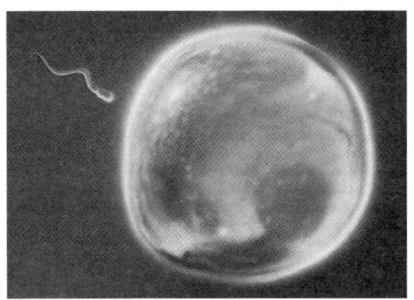

Wunder des Lebens."
MAUREEN HAWKINS (20. JAHRHUNDERT)

429 **Modron** Die Kelten nennen die archetypische Mutter Modron, die Mütter um Unterstützung bitten

können. Visualisieren Sie sich auf einer sonnigen Lichtung. Vor
Ihnen sitzt Modron, mit Wildrosen gekrönt. Mit sanftem Blick
fordert sie Sie auf, sich zu ihr zu setzen. Sie verspricht, Sie zu
beschützen und zu nähren, damit Sie anderen Liebe schenken
können. Ihr süßer Atem hüllt Sie in eine duftende Wolke. Sie
schließen Ihre Augen und nehmen ihre Liebe an. Wenn Sie sie
wieder öffnen, sind Sie zurück in der Welt, entschlossen,
Modrons Liebe an andere weiterzugeben.

430 **Segen der Hebamme** „Ein Tropfen Himmel, ein Tropfen
Erde, ein Tropfen Meer auf deine Stirn, mein Liebstes. Um dich
zu behüten, zu schützen und zu umschließen. Der Tropfen der
Drei, um dich mit Gnade zu erfüllen." KELTISCHES GEBET

431 **Neues Leben** „Staunend sehe ich, wie sich dein kleiner Leib
im Schlaf hebt und senkt. Meine Liebe zu dir überwältigt mich.
Dass ich zu deiner Schöpfung beigetragen habe, scheint mir
unvorstellbar. Wenn ich dich anschaue, wird mir das Wunder
des Lebens klar. Ich bin zutiefst dankbar." MODERNE AFFIRMATION

432 **Wieder Kind werden** „Wenn dein Kind geboren wird, sollst du nicht nur lernen, Mutter zu werden, sondern auch wieder ein Kind." DOGEN (1200–1253)

433 **Gemeinsame Reise** Halten Sie Ihr Baby im Arm und betrachten Sie die kleine Gestalt liebevoll: Worin sind Sie sich ähnlich, was unterscheidet Sie voneinander? Denken Sie an Ihre gemeinsame Zukunft – eine Reise, um das eigene Selbst, einander und die Welt zu entdecken.

434 **Neue Knospe** „Ich hebe dir dieses neugeborene Kind entgegen. Du brachtest es zur Welt, du gabst ihm Leben. Dieses Kind ist eine neue Knospe auf einem alten Baum, ein neues Mitglied einer alten Familie. Möge diese neue Knospe erblühen. Möge dieses Kind stark und rechtschaffen werden."
LIED DER KALAHARI-BUSCHMÄNNER AFRIKAS

435 **Der Stein im Fluss** Ist Ihr Kind fünf Jahre oder jünger, spielen Sie mit ihm jeden Tag

„Der Stein im Fluss". Sitzen Sie im Schneidersitz, das Kind sitzt mit dem Rücken zu Ihnen auf Ihren Beinen. Umfassen Sie es sanft mit Ihren Armen und animieren Sie es dazu, mit Ihnen fünf Minuten still zu sitzen. Das Kind entwickelt mit der Zeit eine innere Ruhe, die es sein ganzes Leben begleiten wird.

436 Wurzeln und Flügel „Es gibt nur zwei Gaben, die wir unseren Kindern versuchen sollen, mitzugeben: Wurzeln und Flügel." HODDING CARTER (1907–1972)

437 Demeters Vermächtnis Die griechische Sage erzählt von der Entführung der Persephone durch Hades, den Gott der Unterwelt, und von ihrer Mutter Demeter, die ihre Tochter aus der Gefangenschaft retten will. Die Geschichte beschreibt das Dilemma, das viele Eltern haben, wenn ihre Kinder in die Welt hinausgehen: Auch wenn Sie das Kind beschützen möchten, ist es wichtig, Kinder ihre eigenen Tiefen ausloten und ihr Schicksal ergründen zu lassen. Das ermöglicht ihnen vielleicht gefährliche, aber vor allem auch inspirierende Erfahrungen in ihrem Leben.

LERNEN UND WACHSEN

438 Die Eichel Meditieren Sie über das Potenzial einer Eichel. Visualisieren Sie, wie sie über viele Jahre zu einer großen Eiche heranwächst. Stellen Sie sich vor, wie sich die Welt um sie herum in dieser Zeit verändert. Denken Sie nun an Ihr Potenzial und wie Sie im Lauf Ihres Lebens zu Ihrem zukünftigen Selbst werden, umgeben von einer sich wandelnden Welt.

439 Sprünge „Während ich neue Bereiche des Selbst erforsche, bekommt die Schale meines falschen Selbstbilds unter dem Druck meines Wachstums Sprünge. Ich entsteige ihr als neu geschlüpftes Küken. Ich freue mich auf das Abenteuer des Lernens." MODERNE AFFIRMATION

440 Im Mutterleib Diese Meditation führt Sie in den Mutterleib zurück, wo Ihr Wachstum begann. Schließen Sie die Augen und stellen Sie sich als Fötus vor. Ihr schwereloser Körper schwimmt in einer warmen Flüssigkeit. Hier ist es sicher und geborgen. Der sanfte Herzschlag Ihrer Mutter beruhigt Sie. Sie fühlen, wie Sie wachsen und sich entwickeln. Die Kraft der Liebe Ihrer Mutter nährt Sie für ein Leben der Freude und der Möglichkeiten.

441 **Wundersamer Kurs** „Als du geboren warst, war jede Minute ein neues Wunder: das Erblühen eines neuen Lebens, die Ausbildung eines neuen Abenteurers. Mögen dir deine Abenteuer wundersam erscheinen. Du sollst eines Tages wissen, dass nicht ich es bin, dem du danken musst." MODERNES GEBET AUS SCHOTTLAND

442 **Der Beste** „Der beste Prediger ist das Herz; der beste Lehrer ist die Zeit; das beste Buch ist die Welt; der beste Freund ist Gott." HEBRÄISCHES SPRICHWORT

443 **Name des Kriegers** Bei den Schamanen ist der Vater des Stamms für die Initiation junger Krieger zuständig. Stellen Sie sich vor, wie Sie vor der Initiation alleine sitzend auf den Stammesvater warten. Als er erscheint, erheben Sie sich respektvoll. Er blickt in Ihre Augen und fragt nach Ihrem Namen. Dann umarmt er Sie und flüstert Ihnen Ihren neuen Namen ins Ohr. Energie durchströmt Sie – Sie sind nun erwachsen, ein eigenständiger Krieger. Verraten Sie Ihren neuen Namen niemandem; nutzen Sie Ihn als Kraftquelle in schweren Zeiten.

444 Vielversprechend Kinder sind vielversprechend. Wir wollen sie umsorgen und beim vollen Ausschöpfen ihres Potenzials unterstützen. In jedem Alter kann man sich noch weiterentwickeln. Finden Sie das Vielversprechende in sich selbst und kümmern Sie sich um Ihre Entwicklung wie um die eines Kindes – es ist nie zu spät, um weiter zu wachsen.

445 Andere Zeit Ein rabbinischer Spruch besagt: „Beschränke ein Kind nicht auf dein eigenes Wissen, denn es wurde in einer anderen Zeit geboren." Lassen Sie Ihr Kind die Welt auf eigene Faust erforschen. Wenn Sie Angst um seine Sicherheit in Ihnen unbekannten Bereichen haben, erkunden Sie diese gemeinsam. Entdecken Sie mit Ihren Kindern die Welt neu.

446 **Zeit der Philosophie** „Jeder, der behauptet, er sei noch nicht bereit für das Zeitalter der Philosophie oder habe es schon hinter sich gelassen, ist wie einer, der behauptet, er sei zu jung oder zu alt, um glücklich zu sein." EPIKUR (CA. 341–270 V. CHR.)

447 **Lebenslanges Lernen** Der Zweck des Lebens ist das Lernen – man selbst und ein guter Mensch zu sein, und zu lieben.

448 **In große Fußstapfen treten** Zählen Sie zehn große Persönlichkeiten der letzten zwanzig Jahre auf. Bestimmen Sie die besondere Gabe jeder Person, die andere auf ihrem Weg inspiriert hat – etwa Mutter Teresas Barmherzigkeit. Meditieren Sie jeden Tag über eine dieser Eigenschaften. Dadurch wachsen diese Qualitäten auch in Ihrer eigenen Persönlichkeit.

449 **Wachstumsschmerz** C. G. Jung sagte, dass wir ohne Schmerz nicht bewusst wachsen können. Betrachten Sie den Schmerz in Ihrem Leben als Wachstumsschmerz. Wie alt Sie auch sind, Ihr Schatz an Weisheit und Erfahrung wächst noch, und der unterschiedlich starke Schmerz dieses Wachstums wird Sie immer begleiten, so wie Ihre Beine, die Sie auf dieser Reise tragen.

450 **Städte und Kreise** „Eine Stadt mit ihren Mauern, Dächern und Schornsteinen zu zeichnen, ist einfach: jedes Kind kann das. Einen perfekten Kreis zu zeichnen erfordert jedoch jahrelange Übung." ANDREW PARKER (20. JAHRHUNDERT)

451 **Geige spielen** „Das Leben ist, wie vor einem Publikum die Geige zu spielen und das Instrument erst während des Spielens zu lernen." SAMUEL BUTLER (1835–1902)

452 **Lebendige Bücher** Meditieren Sie über eine Bibliothek. Sie ist ein Denkmal für die hellsten Köpfe, denn Bücher sind lebendig und verewigen die tiefsinnigsten Gedanken der Menschheit. Selbst dieses Büchlein hat dort einen Platz, denn die Bibliothek nimmt alle gut gemeinten Bücher auf. Stellen Sie sich vor, Ihre besten Gedanken leben in der Erinnerung Ihrer Freunde und Familie weiter, wo Ihre Worte keimten, wurzelten und erblühten.

453 **Verständnis** „Das Lernen vieler Dinge lehrt nicht Verständnis." Heraklit (ca. 540–ca. 480 v. Chr.)

454 **Familienweisheit** Die Familie kann uns viel über uns und die Welt lehren. Visualisieren Sie einen großen Baum, dessen Äste bis in die Wolken reichen. Wenn Sie nach oben blicken, sehen Sie die Mitglieder Ihrer Familie auf den Ästen sitzen. Sie klettern den Baum hoch und halten immer wieder inne, um mit Ihren Verwandten zu sprechen. Fragen Sie sie, was sie Ihnen beibringen können.

455 **Licht teilen** „Wenn du über Wissen verfügst, lass andere ihre Kerzen daran entzünden." Margaret Fuller (1810–1850)

DER NÄHRENDE KERN

456   **Mutter Anu**   Im keltischen Schamanismus ist Anu einer der Namen für die archetypische Mutter – die Göttin, die die Welt gebar und für alle Lebewesen sorgt. Schließen Sie Ihre Augen und stellen Sie sich Anu vor Ihnen vor. Sie ist schön und anmutig, ihre Augen sind voller Güte und Verständnis. Sie nimmt Sie in ihre Arme und hält Sie fest. Sie schenkt Ihnen unendliche Liebe und Unterstützung.

457   **Heiliger Kreis**   Wir alle schätzen bestimmte Dinge, die uns dabei helfen, uns selbst treu zu bleiben: Orte, Menschen, Bräuche. Zum Beispiel ein Park, in dem Sie gerne sind, ein lieber Freund, dessen Liebe Ihre Freundlichkeit widerspiegelt, eine Tanzstunde, in der Sie Kreativität und Lebensfreude ausdrücken können, eine tägliche Meditation, die Ihnen Zeit für sich schenkt. Denken Sie ein paar Momente über diese Quellen der Freude, Kraft und Energie in Ihrem Leben nach. Diese Prioritäten zu schützen ist von größter Bedeutung. Visualisieren Sie sie innerhalb eines heiligen Kreises und versprechen Sie sich, dass Sie diesen Kreis vor äußeren Gefahren schützen werden.

458 Zuhause An manchen Orten auf der Welt fühlen wir uns besonders zu Hause – behaglich, umsorgt und in Einklang mit uns und unserem Umfeld. Denken Sie mit geschlossenen Augen an einen Ort, der diese Gefühle in Ihnen weckt. Stellen Sie sich alle Details vor, auch die Klänge

und Gerüche, vielleicht sogar den Geschmack der Luft. Lassen Sie sich von den einzigartigen Qualitäten dieses Orts erfüllen und entspannen. Bewegen Sie sich in Harmonie mit sich selbst und Ihrer Umgebung.

459 Brot und Lilien „Wenn du nur noch zwei Münzen übrig hast, kauf mit einer einen Laib Brot und mit der anderen eine Lilie."
CHINESISCHES SPRICHWORT

460 Ressourcen „Ich habe alles, was ich für ein erfülltes, glückliches Leben brauche. Ich habe viele innere Ressourcen. Ich erhalte genug Unterstützung, dafür danke ich." MODERNE AFFIRMATION

461 Aufwachmeditation Machen Sie diese Meditation im Bett nach dem Aufwachen. Stellen Sie sich mit geschlossenen Augen vor, Sie lägen auf dem Grund, wo zuvor Ihr Haus stand, das über Nacht verschwunden ist. Visualisieren Sie die Umgebung: Häuser, Höfe, Gärten, Straßen, Felder usw. Stellen Sie sich die Klänge und Gerüche vor, die Sie wahrnehmen würden, und das Wetter. Bauen Sie am Ende der Meditation Ihr Haus in Ihrer Vorstellung wieder auf. Das hätte sein können: Seien Sie dankbar, dass es nicht geschehen ist.

462 Das Herz des Zuhauses In vielen Kulturen gilt die Küche als symbolisches Herz des Zuhauses – der Mittelpunkt, wo sich die Familie um das Feuer sammelt, um zu kochen und zu essen. Eine Art, das Herz zu läutern ist es, die Küche achtsam zu reinigen. Stellen Sie sich beim Schrubben des Bodens, dem Wischen der Flächen und dem Waschen der Fliesen vor, dass Sie Ihr Herz von Unreinheiten säubern, bis es von bedingungsloser Liebe erfüllt ist.

463 Ein Blumengarten „Wenn die Seelen einer Familie einander lieben, wird das Zuhause ein wunderschöner Blumengarten sein." BUDDHA (CA. 563–CA. 460 V. CHR.)

464 Ein Laib Brot Schließen Sie Ihre Augen und visualisieren Sie einen Laib Brot im Ofen. Der helle Teig wächst in der Hitze und wird braun – ein Symbol für die nährende Wärme des Zuhauses. Nehmen Sie den Laib nun in der Fantasie aus dem Ofen und lassen Sie ihn eine Weile auskühlen, bevor Sie eine Scheibe davon abschneiden und essen. Das warme, duftende Brot stärkt Sie von innen heraus. Es gibt Körper und Seele neue Kraft.

465 Langsam essen Statt schnell und hektisch zu essen, nehmen Sie sich Zeit, Ihr Essen entspannt zu genießen, und zwar jeden

Bissen. Seien Sie dabei dankbar für Ihre Mahlzeit – sie ist ein Geschenk der Erde. Erweisen Sie jedem Respekt, der dazu beigetragen hat, dieses Essen auf Ihren Tisch zu bringen – vom Bauern bis zum Koch. Danken Sie jenen, die mit Ihnen essen. Durch dieses bewusste Essen wird die Mahlzeit zu einem heiligen Ritual der Erneuerung.

466 **Mit Liebe kochen** Sorgfältig und liebevoll zubereitetes Essen kann nahrhaft für Körper und Seele sein. Unterziehen Sie Ihre Hände vor dem Kochen einer rituellen Waschung und Segnung. Klären Sie Ihren Geist mit drei tiefen Atemzügen. Denken Sie bei der Zubereitung an die Esser und visualisieren Sie einen Strom der Liebe, der aus Ihrem Herzen durch Ihre Arme in das Essen fließt. Servieren Sie es angemessen feierlich.

467 **Lebenskraft aufnehmen** Nach dem Essen empfiehlt sich eine kurze Verdauungsmeditation. Visualisieren Sie die Reise der Nahrung durch Ihren Verdauungstrakt und die Enzyme, wie sie fleißig Ihr Essen aufspalten. Stellen Sie sich vor, wie die Nährstoffe in Ihr Blut gelangen und zu jeder Zelle Ihres Körpers transportiert werden. Sehen Sie, wie die Zellen voller Leben sind, wenn sie die Nährstoffe in Energie umwandeln.

468 **Der Friedenstisch** Machen Sie diese Meditation vor einem Familientreffen, um dem Anlass Wohlwollen entgegenzubringen. Visualisieren Sie den Esstisch, an dem Ihre Familie sitzt. Gehen Sie um ihn herum und bleiben Sie bei jeder Person stehen, um Ihre Beziehung zu ihr zu überdenken. Gibt es Spannungen zwischen Ihnen? Wie können sie gelöst werden? Stellen Sie sich vor, wie Sie die Differenzen vielleicht beilegen. Bringen Sie den Frieden dieser Aussöhnungen mit zum Treffen.

469 **Ein Brunnen** Im Leben kommen Menschen mit unterschiedlichen Bedürfnissen und Wünschen auf uns zu. Um diese zu erfüllen, ohne sich zu verausgaben, stellen Sie sich als tiefen Brunnen voller Energie vor. Sehen Sie, wie Familie, Freunde und Kollegen Kraft in Form von Liebe, Frieden und Weisheit aus Ihrem Brunnen schöpfen und Sie gestärkt wieder verlassen.

470 **Vollkommener Akkord** „Die Vielfalt innerhalb der Familie sollte zu Liebe und Harmonie führen, so wie in der Musik, wo viele verschiedene Noten zu einem vollkommenen Akkord zusammenfinden." Aus den Schriften der Bahá'í (19. Jahrhundert)

471 **Leben in Harmonie** Vor einer neuen Erfahrung zittern wir oft vor Furcht oder glühen vor Erwartung. Es ist besser, wir leben in Harmonie und den äußeren Temperaturen angepasst.

472 **Das Fantasietier** Haustiere schenken uns Trost und Gesellschaft. Ihre Gegenwart fördert das seelische Wohlbefinden. Schließen Sie Ihre Augen und visualisieren Sie ein Tier – entweder ein echtes oder ein erfundenes. Streicheln Sie es und atmen Sie dabei im Rhythmus Ihrer Bewegungen. Dabei werden Sie ganz ruhig. Spüren Sie bewusst die freundschaftliche Verbindung zwischen Ihnen und Ihrem Tier.

HEILIGE PLÄTZE

473 Willkommen „Ich heiße andere in meinem Haus willkommen. Auf diesen Raum bin ich besonders stolz: die Küche, wo Freundschaft auf den Segen der Welt trifft." MODERNE AFFIRMATION

474 Aufräumen Zu Hause aufzuräumen schafft nicht nur mehr Lebensraum, sondern hilft auch beim Entrümpeln des Geistes. Ihre Erinnerungen und Identifikationen lenken Sie vielleicht von Ihrem aktuellen, wahren Wesen ab. Denken Sie beim Aufräumen daran und trennen Sie sich bewusst vom alten Gerümpel.

475 Harmonisches Heim „Wenn Harmonie im Heim herrscht, herrscht Ordnung im Staat. Wenn Ordnung im Staat herrscht, herrscht Frieden auf der Welt." CHINESISCHES SPRICHWORT

476 Heiliger Raum Ein heiliger Raum ist ein mit erhebender, spiritueller Energie erfüllter Ort. Vielleicht haben dort schon viele meditiert oder gute Taten vollbracht. Durch unsere Meditationsübungen können wir uns auch zu Hause einen heiligen Raum schaffen. Finden Sie einen ruhigen Platz mit einem Stuhl, einem

Kissen oder einer Matte und setzen Sie sich. Schließen Sie Ihre Augen und erfüllen Sie den Raum mit den Schwingungen der Liebe zu Ihrer Familie, des Mitgefühls für alle Leidenden und des Friedens für die Welt. Bitten Sie dann den Einen, die Quelle der höchsten Wahrheit, Sie beim Aufbau und Bewahren dieses heiligen Raums zu unterstützen.

477 **Herrenhaus** „Glücklich ist das Anwesen, das von den Augen seines Herrn gesehen wird." LEONARDO DA VINCI (1452–1519)

478 **Spiegel der Seele** Für ein tieferes Verständnis Ihres Selbst können Sie über den Charakter Ihres Lebensraums meditieren, der ein Spiegel Ihrer Seele ist. Schließen Sie Ihre Augen. Visualisieren Sie die Fassade Ihres Hauses. Betrachten Sie es mit den Augen eines Fremden, der es zum ersten Mal sieht. Achten Sie auf jedes Detail und lassen Sie tiefere Bedeutungen aufkommen. Wie ist Ihr Eindruck? Wiederholen Sie die Übung mit jedem Raum. Blicken

Sie hinter die Fassaden, um ein Gefühl für die Seele Ihres Zuhauses zu erlangen.

479 Galaxie der Welten

„Wenn du vor meiner Hütte stündest, könntest du erahnen, wie geräumig sie ist? Hier drin ist eine Galaxie der Welten. Und Platz für all die Liebe, die ich finden kann." ISHIKAWA JOZAN (17. JAHRHUNDERT)

480 Vastu Purusha Das

Heim ist ein Gefäß für den Körper, so wie der Körper ein Gefäß für die Seele ist. Um sich in Ihrem Heim wohl zu fühlen, müssen Sie seine Heiligkeit erkennen und es mit Ehrfurcht behandeln, etwa indem Sie Vastu Purusha ehren – den vedischen Geist der irdischen Schöpfung und Baukunst, der angeblich in jedem Haus wohnt, sein Kopf im Nordosten und seine angewinkelten Beine im Südwesten. Arrangieren Sie ein paar schöne Blumen im Nordosten Ihres Zuhauses und denken Sie dabei demütig an den Geist von Vastu Purusha.

481 Leeres Gefäß Diese Meditation schärft Ihre räumliche Wahrnehmung. Visualisieren Sie die Form einer leeren Tasse und den Raum, in den Tee gegossen wird. Wäre die Tasse auch ohne die äußere Form und den inneren Raum eine Tasse? Könnte sie ohne die Leere rundherum existieren? Denken Sie an das Zusammenspiel zwischen Form und Leere bei allem, das Sie umgibt.

482 Form und Funktion „Der Nutzen eines Topfs entspringt seiner Leere." LAOTSE (CA. 604–531 V. CHR.)

483 Weiß im Fokus Weiß besteht aus allen Farben des Spektrums und ist die ausgewogenste Energiequelle. Eine Meditation über diese Farbe wirkt beruhigend, erhebend und verbindet uns mit der Seele. Wenn Sie zu Hause eine leere, weiße Wand haben, setzen Sie sich davor und konzentrieren Sie sich auf die Fläche. Erfüllen Sie Ihr Bewusstsein mit dem reflektierten, weißen Licht.

Für eine andere Wirkung können Sie auch vor Wänden in anderen Farben meditieren. **Grün (484)** erinnert uns an die saftige Natur, wirkt nährend und harmonisierend; **Gelb (485)** steht für die Sonne und fördert Optimismus, persönliche Macht und Selbstbewusstsein; **Orange (486)** bringt Wärme und Vitalität, stärkt Motivation und Konzentration; **Rot (487)** steht für Stärke und Leidenschaft und sorgt für Erdung; **Rosa (488)** symbolisiert Zärtlichkeit und Mitgefühl und wirkt besänftigend; **Blau (489)** ist die Farbe des Himmels und fördert Klarheit, Offenheit und persönliche Ausdruckskraft; **Violett (490)** verbindet uns mit der Quelle spiritueller Kraft und besitzt eine stark heilende Wirkung.

491   **Alles zu schätzen wissen**   In dieser Meditation können wir die Schönheit der banalsten Dinge würdigen – Schönheit, die wir unter der Menge optischer Eindrücke, der wir ausgesetzt sind, oft

übersehen. Sitzen Sie bequem und atmen Sie bewusst, um Ihren
Körper zu entspannen. Wählen Sie einen Gegenstand aus – etwa
ein Buch oder ein Glas – und stellen Sie ihn vor sich hin.
Betrachten Sie die Form sorgfältig, sehen Sie ihre einzigartigen
Feinheiten und die Abstufungen in Farbe und
Struktur. Üben Sie diese Kontemplation mit
verschiedenen Gegenständen. Sie stärken
damit Ihr Bewusstsein für den Wert, der
allen Dingen innewohnt.

492 **Geist und Materie** „Dinge sind Objekte,
bei denen es ein Subjekt gibt oder einen Geist;
und der Geist ist ein Subjekt, bei dem es Objekte
gibt." SOSAN ZENJI (GEST. 606)

493 **Meditationsraum** Finden Sie einen Ort in Ihrem Zuhause, an
dem Sie den Ablenkungen von Fernseher, Telefon und anderen
Menschen entkommen können. Schmücken Sie diesen heiligen Ort
mit Blumen und beruhigenden Dingen aus der Natur – etwa

Steinen oder Bergkristallen. Verwenden Sie Kissen, um hier bequem meditieren zu können. Verbringen Sie täglich fünf Minuten alleine an diesem Ort. Das hilft Ihnen dabei, sich mit Ihrem stillen, inneren Kern zu verbinden.

494 Engelstugenden Denken Sie an die Tugenden eines Engels. Visualisieren Sie ein Objekt oder Symbol für jede Tugend, etwa eine Feder für Leichtigkeit oder ein Geschenk für Großzügigkeit. Achten Sie in den folgenden Wochen und Monaten auf solche Dinge in Ihrem Leben. Sammeln Sie sie in einer Ecke Ihres Zuhauses und meditieren Sie jedesmal über sie, wenn ein neuer Gegenstand hinzukommt. Wenn die Sammlung komplett ist, meditieren Sie ein letztes Mal darüber und verschenken Sie alles.

495 Besondere Orte Viele von uns kennen Orte, an denen wir mehr als woanders wir selbst sein können. Machen Sie sich mit ihnen vertraut, schätzen Sie ihren Wert und meditieren Sie dort oft. Teilen Sie die positiven Energien auch mit anderen an diesem Ort.

496 **Der Zen-Garten** Ein kleiner Zen-Garten ist ein idealer Fokus für eine Meditation. Sie benötigen dazu eine flache Schüssel, etwas Sand und einige Gegenstände aus der Natur (Steine, Blätter oder kleine Zweige). Suchen Sie diese Objekte sorgfältig aus: Naturformen sind im Zen heilig. Geben Sie den Sand in die Schüssel und platzieren Sie die Objekte auf ansprechende Weise. Ziehen Sie mit den Fingern wellige Muster um die Objekte – wie Wasser, das um Felsen und Inseln fließt. Denken Sie bei der Meditation über Ihren Zen-Garten an das paradoxe Zusammenspiel von Ruhe und Bewegung, das diese Muster widerspiegeln.

497 **Globales Zuhause** Im weitesten Sinn ist „Zuhause" nicht nur unser Wohnort, sondern auch unser Planet. Denken Sie an die Erde – ein kleiner blau-grüner Planet, der um die Sonne kreist. Spüren Sie Liebe und Respekt für diesen sensiblen Organismus, den wir zum Leben brauchen. Beschließen Sie, diese Liebe in Ihrem täglichen Verhalten auszudrücken, indem Sie der Erde denselben Respekt entgegenbringen wie Ihrem Zuhause.

Beziehungen

IN DER PARTNERSCHAFT

498 Die Zutaten der Liebe Die Liebe zu unserem Partner besteht in ihrer reinsten Form aus denselben Zutaten wie die Liebe zu unseren Freunden.

499 Wahres Leben „Wer das wahre Leben liebt, wird auch die wahre Liebe lieben." ELIZABETH BARRETT BROWNING (1806–1861)

500 Ursprung der Liebe Um zu lieben und geliebt zu werden, müssen wir uns erlauben, verletzlich zu sein.

501 Offen für Liebe Stellen Sie sich als Blütenknospe vor, mit geneigtem Kopf und eingerollten Blütenblättern. Wenn die Morgensonne Ihren Blütenkopf streift, spüren Sie allmählich ein warmes Kribbeln. Sie heben Ihren Kopf und lockern Ihre Blütenblätter ein wenig. Wenn das Licht wärmer wird, öffnen Sie sich weiter, bis sich Ihre feinen Blütenblätter, Ihre zarten Farbtöne und Ihr betörender Duft in voller Pracht offenbaren. Lassen Sie auch zu, dass die wärmende Liebe Ihres Partners Ihr Herz öffnet, sodass dessen volle Schönheit sichtbar wird.

502 **Unsere schwerste Aufgabe** „Einen anderen Menschen zu lieben, das ist die schwerste aller Aufgaben. Die endgültige, die letzte Prüfung, die Arbeit, für die alle andere Arbeit nur Vorbereitung ist." RAINER MARIA RILKE (1875–1926)

503 **Liebe senden** Diese Meditation hilft Ihnen dabei, Liebe für eine andere Person zu fühlen und auszudrücken. Schließen Sie Ihre Augen und meditieren Sie über das Wort „Liebe". Wie erscheint es vor Ihrem inneren Auge? In welchen Farben ist es geschrieben? Leuchtet oder glitzert es? Wie reagiert Ihr Körper auf das Wort? Spüren Sie Wärme oder ein Kribbeln? Denken Sie an die Person, der Sie Ihre Gefühle mitteilen möchten. Stellen Sie sie sich in einem Kokon aus Ihrer Liebe

vor. Spüren Sie, wie glücklich und sicher sich die Person fühlt. Teilen Sie der Person Ihre Liebesgefühle beim nächsten Wiedersehen mit, ob in Worten, Gesten oder nur durch Ihre Gegenwart.

504 **Augen** Wann haben Sie Ihrem Partner zuletzt richtig in die Augen geschaut? Stellen Sie sich diese Augen vor – ihre Farbe, ihre Form, den Menschen, der dahinter lebt. Denken Sie etwa fünf Minuten lang liebevoll an dieses Bild. Gehen Sie dann zu Ihrem Partner und sehen Sie ihm in die Augen.

505 **Hand in Hand** Bei ihrem ersten Treffen sagt Julia zu Romeo: „Der Heil'gen Rechte darf Berührung dulden,/ Und Hand in Hand ist frommer Waller Kuss." (William Shakespeare, *Romeo und Julia*, 1/5). Mit diesen Worten erinnert sie uns an den heiligen Aspekt intimer Beziehungen. Um ihn zu verstärken, gehen Sie im Alltag achtsam, bewusst und gegenwärtig mit Ihrem Partner um. Mit dieser Haltung können selbst kleine Intimitäten, wie das gemeinsame Spülen des Geschirrs, Ihre Verbindung zueinander vertiefen.

506 **Sommerlaub** „Wir haben uns auf tausend Arten berührt, wie Sommerblätter einander berühren." CHINESISCHES GEDICHT

507 **Intime Momente bewahren** Intimität nährt die Seele einer Beziehung. Aber nach langjährigem Zusammenleben verschwindet die Intimität oft hinter den banalen Belangen des Alltags. Denken Sie an die intimsten Momente Ihrer Beziehung. Lassen Sie die positiven Gefühle von Wärme, Liebe, Offenheit und

Vertrauen, die Sie in jenem Moment empfanden, wieder aufleben und meditieren Sie darüber. Die Ausdehnung der Gefühle im gegenwärtigen Moment stärkt diese auch in Ihrer aktuellen Beziehung.

508 Bewusst lieben „Das Bewusstsein, zu lieben und geliebt zu werden, verleiht dem Leben eine Wärme und einen Reichtum, die ihm nichts anderes geben kann." Oscar Wilde (1854–1900)

509 Die Schönheit der Schneeflocke Eine harmonische Beziehung ist so schön wie eine Schneeflocke. Warum zu Hause bleiben, wenn so schöne Schneeflocken vom Himmel fallen?

510 Perfekte Liebe „Die Liebe ist unfehlbar; sie hat keine Fehler, denn alle Fehler sind ein Mangel an Liebe." Andrew Bonar Law (1858–1923)

511 Maibaum Das keltische Fest Beltane am ersten Mai ist besonders für Liebende interessant. Dabei hält sich ein Paar um einen

Maibaum an den Händen. Tänzer knüpfen sie mit den Bändern, die vom Baum hängen, zusammen. Stellen Sie sich und Ihren Partner unter dem Maibaum vor, umringt von Tänzern, die Sie mit bunten Bändern zusammenbinden. Beim Festziehen der Bänder spüren Sie, wie Ihre Liebe noch stärker wird.

512 **Immergrüne Liebe** Meditieren Sie über den immergrünen Baum als Symbol für die Beständigkeit Ihrer Liebe. Visualisieren Sie den Baum in einem sommergrünen Wald. Wenn die anderen Bäume im Herbst ihre Blätter verlieren, behält Ihr Baum seine Farbe. Diese Meditation hilft Ihnen, die Liebe in Ihrer Beziehung in guten und schlechten Zeiten aufrechtzuerhalten.

513 **Schwanenpaar** Schwäne binden sich im Alter von vier Jahren fürs Leben – eine ideale Metapher für ewige Liebe. Meditieren Sie über dem Bild zweier Schwäne, die gemeinsam über das Wasser gleiten oder durch die Lüfte fliegen. Nehmen Sie den Frieden und die Harmonie der Schwäne in sich auf. Stellen Sie sich Ihre Beziehung auch so vor und realisieren Sie das Bild.

514 **Bindungen** Ein Haken ist einseitig. Einer wirft ihn in die Beziehung. Eine gemeinsames Band verbindet beide Partner. Verbannen wir die Haken und festigen wir die Bänder.

515 **Wilde Orte** „Die Seele, die ich liebe, muss wilde Orte haben, einen verwilderten Obstgarten, wo dunkle Pflaumen ins hohe Gras fallen, einen verwachsenen kleinen Wald, vielleicht die eine oder andere Schlange, einen Teich, dessen Tiefe keiner ergründet hat, und Wege gesäumt mit Blumen, gepflanzt von der Seele." KATHERINE MANSFIELD (1888–1923)

516 **Der Ring** In vielen Kulturen ist die Heirat ein wesentlicher Übergangsritus, eine Bestätigung menschlicher und kosmischer Ordnung. Sie ist ein symbolischer Bund zwischen zwei gegensätzlichen Prinzipien, männlich und weiblich, zur Zeugung und zum Schutz neuen Lebens. Eines ihrer Symbole ist der Ring, der für Untrennbarkeit und Ewigkeit steht. Meditieren Sie über Ihren Ehering, um Ihre Hingabe zum Partner und zur Beziehung zu bekräftigen.

517   Ganzheit der Liebe „Wie ich mein Dorf mit einem Teil meiner Liebe für mein Land liebe, so liebe ich meinen Liebsten mit einem Teil meiner Liebe für den Einen." MODERNE AFFIRMATION

518   Ein gekonnter Auftritt Visualisieren Sie sich als Bühnenkünstler und Ihren Partner als Publikum. Sie improvisieren eine kreative Darbietung mit all Ihrer Fantasie und all Ihrem Können. Sehen Sie Ihren Partner vor Vergnügen strahlen. Zeigen Sie auch in Ihrer Beziehung einen solchen Einsatz.

519   Zusammenleben Das Zusammenleben zweier Menschen bietet die Chance für große Intimität. Umso besser Sie Ihren Partner kennen und umso stärker Sie ihn lieben, umso besser kennen und lieben Sie sich selbst. Das erzeugt einen positiven Kreislauf, der die Verbindung zwischen Ihnen beiden stärkt. Schließen Sie dazu die Augen und visualisieren Sie Ihre gegenseitige Liebe als einen Austausch von goldenem Licht, der ewig zwischen Ihren Herzen stattfindet.

520 **Bücher teilen** „Die Freude am Lesen verdoppelt sich, wenn man mit jemandem zusammenlebt, der dieselben Bücher liest." KATHERINE MANSFIELD (1888–1923)

521 **Beziehungsgärten** „Unsere Beziehung ist wie das Mikroklima eines Gartens. Unter den richtigen Bedingungen werden wir beide gesund wachsen. Ich werde den Boden nähren, so gut ich kann." MODERNE AFFIRMATION

522 **Harmonie** „Tritt weg von mir; sei still allein;/ der Liebe vollkommener Akkord erhält den Sinn durch Harmonie, nicht Einklang,/ voll feinstem Unterschied." EDWARD DOWDEN (1843–1913)

523 **Loslassen** Wer stark liebt, neigt dazu, vom anderen viel zu fordern oder ihn einzuengen, aus Angst, verlassen zu werden. Wenn die Liebe gedeihen soll, müssen Sie Ihrem Partner die Möglichkeit lassen, seinen eigenen Weg zu gehen, sonst wird er Sie mit der Zeit ablehnen. Visualisieren Sie Ihren Partner als Vogel in Ihren Händen. Öffnen Sie Ihre Hände, um den Vogel freizulassen. Sehen Sie, wie der Vogel frei und froh durch die Luft fliegt, bevor er sich wieder auf Ihrem Finger niederlässt.

524 **Seite an Seite** Der libanesische Dichter Khalil Gibran rät Liebenden: „Lasst Raum zwischen euch." Wachsen Sie wie zwei Bäume Seite an Seite, aber nicht im Schatten des Anderen.

525 **Reise ins Weltall** Während die Beziehung wächst, unternehmen Sie gelegentlich eine Reise ins Weltall, um Ihre Eigenständigkeit zu bewahren. Schließen Sie Ihre Augen und stellen Sie sich als Astronaut im All vor. Sie sind tausende Kilometer von Ihrem Partner entfernt, schlafen alleine, essen alleine, fühlen sich manchmal einsam, aber Sie wissen, dass Sie etwas Wichtiges tun. Gewöhnen Sie sich an das Gefühl der Trennung. Das nächste Wiedersehen wird umso erfreulicher.

526 **Heilende Trennung** Doppelt verletzt ist die Seele, die sich in ihren Peiniger verliebt. Verlassen Sie Ihn und lassen Sie Ihre Wunden verheilen.

527 Wiedersehen „Die Freuden des Treffens wiegen den Schmerz der Abwesenheit wieder auf; wer könnte ihn sonst ertragen?" NICHOLAS ROWE (1674–1718)

528 Einheit „Sofern die Liebe Einheit ist, kennt sie kein Höchstmaß an Entfernungen." SOR JUANA INÉS DE LA CRUZ (1651–1695)

529 Liebesbrief Wenn Ihr Partner nicht bei Ihnen ist, stellen Sie sich vor, wie er an Sie denkt und Ihnen einen Brief schreibt. Sie sehen die Worte am Papier, wie lauten sie? Wählen Sie einige typische Formulierungen. Genießen Sie das Gefühl der Nähe.

530 Wieder vereint „Liebe find't zuletzt ihr Stündlein." WILLIAM SHAKESPEARE, *WAS IHR WOLLT*, 2/3.

531 Liebesbänder Sind Sie von Ihrem Partner getrennt, stellen Sie sich vor, wie Bänder der Liebe Ihre Herzen miteinander verbinden. Wenn Sie sich dieser Verbindung bewusst sind, können Sie die Trennung leichter ertragen, denn im Geiste sind Sie vereint.

FREUNDSCHAFT

532 **Ein Aufruf** „Die Freundschaft tanzt rund um die Welt und ruft uns alle auf, aufzuwachen und sie singend zu preisen."
EPIKUR (CA. 341–270 V. CHR.)

533 **Freundeskreis** Diese Meditation gibt Ihnen besondere Unterstützung. Stellen Sie sich vor, Sie stehen in einem Kreis aus Ihren engsten Freunden, die Sie mit strahlenden Augen ansehen. Aus ihren Herzen fließt goldenes Licht zu Ihnen. Von der Wärme Ihrer Liebe umgeben, fühlen Sie sich sicher und unterstützt, gehalten von fürsorglichen Armen.

534 **Glauben** Wenn wir den Glauben an uns selbst verlieren, glauben unsere Freunde an uns, bis wir es wieder selbst können.

535 **Liebe Worte** Wenn Sie sich einsam fühlen, stellen Sie sich vor, ein lieber Freund ist bei Ihnen. Er legt Ihnen seine Hand auf Ihre Schulter und flüstert in Ihr Ohr. Er sagt Ihnen, dass Sie ein besonderer Mensch sind und immer einen Platz in seinem Herzen haben werden. Sie spüren seine Lippen bei einem

Abschiedskuss auf Ihrer Stirn. Ihnen bleibt das wohlige Gefühl, so geliebt zu werden, wie Sie sind.

536 Volle Pracht In der wärmenden Liebe eines wahren Freundes können wir den Mantel der Scham ablegen und die volle Pracht der Seele zeigen.

537 Wahre Freunde

Wie perfekte Eltern sehen auch wahre Freunde unsere innere Schönheit und lieben uns mit all unseren Eigen-

heiten, egal, wie wir aussehen oder welche gesellschaftliche Rolle wir spielen. So können wir uns frei entfalten.

538 Laut denken „Ein Freund ist ein Mensch, vor dem ich laut denken kann." RALPH WALDO EMERSON (1803–1882)

539 Blumen für die Freunde Pflücken oder kaufen Sie im Sommer für jeden Ihrer Freunde eine Blume. Ordnen Sie die Blumen in einer Vase an und denken Sie dabei an Ihre Freunde. Meditieren Sie dann über das Arrangement, die Schönheit der Blumen und darüber, wie sie die Eigenschaften Ihrer Freunde verkörpern. Schätzen Sie die Kraft, die Sie aus den positiven Energien dieser Freunde in Ihrem Leben gewonnen haben.

540 Um das Feuer Schließen Sie Ihre Augen und stellen Sie sich vor, wie Sie mit Ihren Freunden um ein Feuer sitzen, während draußen ein Schneesturm tobt. Das Feuer wärmt Ihre Hände, Ihre Freunde wärmen Ihr Herz. Betrachten Sie die leuchtenden, schönen Gesichter, jedes so einzigartig wie eine Schneeflocke.

541 **Kennmelodie** Jeder von uns verströmt seine eigene Musik –
eine spezielle Melodie aus Geist, Charakter und Erfahrung.
Denken Sie an einen engen Freund und hören Sie fünf Minuten
lang in Ihrem Kopf seiner Kennmelodie zu. Applaudieren Sie
dann innerlich für alles, was dieser Freund in Ihr Leben bringt.

542 Eine Seele, zwei Körper „Was ist ein Freund? Eine einzige Seele, die in zwei Körpern wohnt." ARISTOTELES (384–322 V. CHR.)

543 Ein Brief Schließen Sie Ihre Augen und denken Sie an einen engen Freund. Schreiben Sie ihm im Geiste einen Brief, in dem Sie alles aufzählen, was Sie an ihm mögen. Visualisieren Sie seinen Gesichtsausdruck, wenn er den Brief liest, der zeigt, wie viel Sie ihm bedeuten. Schreiben Sie ihm dann wirklich einen Brief.

544 Stummer Austausch „Wenn die Freundschaft zwischen zwei Herzen fest verankert ist, müssen sie keine Neuigkeiten austauschen." SAIB-E-TABRIZI (CA. 1601–1677)

545 Ein Segen Sitzen Sie einem Freund gegenüber, formen Sie mit Ihren Händen eine Schale und halten Sie sie unter Ihr Herz. Stellen Sie sich vor, wie das funkelnde weiße Licht eines Segens aus Ihrem Herzen in Ihre Hände fließt. Übergießen Sie den Freund mit Ihrem Segen. Führen Sie Ihre Hände über seinen Kopf, während Sie Sich vorstellen, wie Ihr Segen ihn überströmt.

546 Ritual des Schenkens Betrachten Sie das Verpacken eines Geschenks als Meditation über den Freund, den Sie beschenken. Wenn Sie das Geschenk in Papier hüllen, stellen Sie sich dabei vor, dass Sie Ihren Freund mit Ihrer Liebe umfassen.

547 Reichtum „Wenn wir Reichtümer haben, aber keine Freunde, werden wir nie glücklich. Wenn wir Freunde haben, werden wir auch ohne Reichtümer glücklich." EPIKUR (CA. 341–270 V. CHR.)

548 Sich selbst Freund sein Um echte Freunde zu finden, müssen wir erst mit uns selbst Freundschaft schließen. Schließen Sie Ihre Augen und stellen Sie sich vor, Sie treffen sich zum ersten Mal. Reden Sie über Ihre Sorgen und Ängste, Hoffnungen und Träume; zeigen Sie Mitgefühl. Enden Sie mit einer Geste der Anerkennung und versprechen Sie, sich bald wiederzusehen.

549 Lied des Herzens „Ein Freund ist jemand, der das Lied deines Herzens kennt und es dir vorsingt, wenn du den Text vergessen hast." ANONYM

VERBINDUNGEN KNÜPFEN

550   **Zuhören** „Hör zu, oder deine Zunge macht dich taub."
INDIANISCHES SPRICHWORT

551   **Der Aal und der Lachs** Der Aal und der Lachs treffen sich
auf ihren entgegengesetzten Wegen über den Atlantik, tausende
Kilometer zu ihren Laichplätzen unterwegs. Unsere Ziele mögen
sich genauso unterscheiden, aber wenn wir uns treffen, lasst uns
Zeit miteinander verbringen und Erfahrungen austauschen.

552   **Die Wahrheit sagen** „Es ist sehr schwer, genau die Wahrheit
zu sagen und wäre es auch über die eigene unmittelbare
Empfindung – viel schwerer, als etwas Gutes darüber zu sagen,
was nicht die genaue Wahrheit ist." GEORGE ELIOT (1819–1880)

553   **Wiederholung** Denken Sie an ein kürzlich vergangenes
Gespräch. Visualisieren Sie die Situation im Detail und spielen
Sie den Dialog im Kopf noch einmal durch. Erinnern Sie sich an
Inhalt, Körpersprache und Tonfall. Durch diese distanzierte Sicht
verstehen Sie besser, was die andere Person Ihnen sagen wollte.

554 **Wahre Gefühle** „Entschuldige dich niemals dafür, dass du Gefühle zeigst. Wenn du das tust, entschuldigst du dich für die Wahrheit." BENJAMIN DISRAELI (1804–1881)

555 **Stille teilen** Mit anderen zu meditieren vertieft Ihre Beziehung zueinander. Sitzen Sie still im Kreis. Meditieren Sie mit geschlossenen Augen als Gruppe über das, was Sie trennt und verbindet.

556 **Opfergaben** „Wer mir mit Hingabe nur ein Blatt, eine Blume, eine Frucht oder ein wenig Wasser darbringt, das nehme ich von dieser sehnsüchtigen Seele an, denn es wurde reinen Herzens mit Liebe dargebracht." BHAGAVAD GITA (1. ODER 2. JAHRHUNDERT)

557 **Magischer Kreis** Jedes Gespräch schafft einen Kreis des Vertrauens. Genießen Sie im nächsten Gespräch in den Pausen dieses fließende Vertrauen. Es ist ein Geschenk des Lebens.

558 **Schenken** „Ich bin nicht gekränkt, wenn mein Geschenk unterschätzt wird: Ich erwarte nichts dafür." MODERNE AFFIRMATION

559 **Die Fülle der Großzügigkeit** „Aus dem ewig unveränderlichen Gefäß der Seele genieße ich die unerschöpfliche Fülle der Großzügigkeit." EDUARDO CUADRA (1820–1903)

560 **Teilen, geben, lieben** Überlegen Sie, was Sie anderen zu geben haben – praktisch oder emotional, konstruktiv oder einfühlsam. Solange wir bereit sind, zu geben, zu teilen und zu lieben, wenn es darauf ankommt, haben wir eine Aufgabe. Und mit so einer Aufgabe sind wir nie verloren oder allein.

561 **Geschenk des Selbst** „Das einzig wahre Geschenk ist ein Teil deiner selbst." RALPH WALDO EMERSON (1803–1882)

562 **Die Tür öffnen** „Die Tür zum menschlichen Herzen kann nur von innen geöffnet werden." SPANISCHES SPRICHWORT

563 **Herzlich eingeladen** Wenn Sie Ihr Herz nur schwer jemandem öffnen, stellen Sie sich vor, jemand klopft an die Tür Ihres Herzens. Öffnen Sie die Tür und heißen Sie ihn willkommen.

564 **Gespiegelt** Anhaltende, liebevolle Beziehungen sind unerlässlich für das seelische Wohlbefinden. In den Augen anderer – gesehen und verstanden – spiegelt sich unsere Existenz.

565 **Die Maske** Es ist nicht schlimm, wenn wir nicht weinen können. Auch durch die starre Maske sieht man unseren Schmerz.

BRÜCKEN BAUEN

566 Engel beherbergen „Bleibt fest in der brüderlichen Liebe. Gastfrei zu sein vergesst nicht; denn dadurch haben einige ohne ihr Wissen Engel beherbergt." Hebräer 13,1–2

567 Brücke zur Insel Visualisieren Sie sich als schwimmende Insel. Um Sie herum sind andere Inseln: Menschen, deren Leben sich mit dem Ihren gewollt oder zufällig kreuzen. Wählen Sie eine erst kürzlich dazugestoßene Insel aus. Bauen Sie eine Brücke und betreten Sie das neue Land. Wer ist die Person? Was ist die Brücke? Beantworten Sie die Fragen und verbinden Sie sich.

568 Spieglein, Spieglein Jeder Mensch, dem wir begegnen, dient als Spiegel für uns. Eigenschaften, die wir bei anderen ablehnen, verstecken wir oft selbst beschämt in uns. Auch Qualitäten, die wir an anderen bewundern, besitzen wir oft selbst, haben sie aber vielleicht noch nicht in uns erkannt.

569 Perspektive ändern Um eine Beziehung zu ändern, müssen wir uns selbst ändern, nicht die andere Person.

570 **Jeder ist ein Lehrer** Gehen Sie neugierig auf Menschen zu: von jedem können Sie etwas lernen. Denken Sie an die Menschen, denen Sie heute begegnet sind, besonders an jene, die Ihnen unsympathisch waren oder deren Ansichten Sie nicht teilten. Was können Sie Wertvolles in den Worten und Taten dieser Menschen finden? Seien Sie innerlich dankbar für die Lehren dieser Personen.

571 **Feindschaft auflösen** Machen Sie diese Meditation, wenn Sie jemand kränkt oder verärgert, um Mitgefühl in die Situation zu bringen. Stellen Sie sich die andere Person vor. Was genau verärgert Sie? Versuchen Sie das Verhalten der Person zu verstehen. Erinnern Sie sich vielleicht, selbst einmal etwas Ähnliches getan zu haben? Wie haben Sie sich damals gefühlt und warum haben Sie das getan? Aus dieser Sicht sehen Sie die andere Person vielleicht nicht als grundlegend fehlerhaft, sondern als einen Menschen wie Sie, der einen schlechten Moment hatte. Achten Sie darauf, wie Ihre Sicht verständnisvoller und differenzierter wird. Da die andere Person nun nicht mehr der eindeuti-

ge Bösewicht ist, können Sie vielleicht Ihre eigene Rolle in diesem Zusammenhang besser einschätzen.

572   **Verstehen** „Weine nicht; werde nicht ungehalten. Verstehe." BARUCH SPINOZA (1632–1677)

573   **Die Kraft, zu vergeben** „Der Schwache kann nicht vergeben. Vergebung ist eine Eigenschaft der Starken." MAHATMA GANDHI (1869–1948)

574   **Schmerzpfeile** Manchmal, wenn wir müde oder gekränkt sind, reagieren wir gereizt und werfen Pfeile in die Herzen anderer. In der Reue werfen wir Pfeile nach uns selbst. Schließen Sie in so einem Moment die Augen und stellen Sie sich vor, wie Sie die Pfeile wieder herausziehen, entzweibrechen und das heilende Licht der Vergebung die verletzten Herzen umhüllt.

575   **Wiedergutmachung** Visualisieren Sie, wie Sie sich mit jemandem versöhnen, mit dem Sie einen Streit hatten. Stellen

Sie sich vor, Sie unternehmen gemeinsam etwas Schönes, wie einen Spaziergang im Park. So sehen Sie die Person eher als Freund und begegnen ihr mit der Erinnerung an geteilte Freude.

576 Andere verstehen In einer guten Beziehung versteht man die Bedürfnisse und Gefühle anderer. Eine Meditation hilft Ihnen, anderen zuzuhören und sie zu verstehen, indem Sie Ihren Verstand ruhen lassen und Ihr Herz öffnen. Ohne von eigenen Belangen abgelenkt zu sein, können Sie anderen leichter Ihre volle Aufmerksamkeit schenken und ihren Bedürfnissen und Gefühlen mit Akzeptanz und Mitgefühl begegnen.

577 Heilmittel Wir wandeln auf der Welt mit einem Heilmittel für viele Leiden. Warum setzen wir es nicht öfter ein? Wir müssen nur sagen: „Ich hatte Unrecht. Es tut mir leid. Bitte verzeih mir."

578 Erst denken, dann sprechen „Bevor du sprichst, frage dich: Ist es freundlich, ist es nötig, ist es wahr, ist es besser als die Stille?" SHIRDI SAI BABA (1856–1918)

579 **Neu sehen** „Gott, unsere Mutter und unser Vater, wir kommen zu dir als deine Kinder. Sei bei uns, wenn wir lernen, einander mit neuen Augen zu sehen, mit neuen Herzen anzuhören und miteinander auf neue Weise umzugehen."
CORRYMEELA-GEMEINSCHAFT (20. JAHRHUNDERT)

580 **Reine Luft** Machen Sie diese Meditation nach einem Streit. Schließen Sie Ihre Augen und beobachten Sie im Geiste durch ihr Fenster einen Sturm. Der Wind peitscht die Bäume, der Regen prasselt auf die Erde. Blitze zerreißen die Wolken, Donner grollt. Sie sind jedoch völlig entspannt, denn im Haus sind Sie sicher. Allmählich flaut der Sturm ab und die Welt wird still. Zwischen den grauen Wolken drängt sich ein Sonnenstrahl durch die Dunkelheit. Im Baum vor Ihrem Fenster beginnt ein Vogel zu singen. Sie sind froh und gelassen, bereit für die Welt.

Glücklich
sein

ZUFRIEDENHEIT IM ALLTAG

581 **Ohne Streben** „Glück ist, wenn man nicht danach strebt, glücklich zu sein." ZHUANGZI (CA. 369–286 V. CHR.)

582 **Die Kunst des Seins** Zufriedenheit kommt nicht vom Tun oder Haben, sondern vom Sein.

583 **Zwillinge** Für Friedrich Nietzsche war das Leid die Kehrseite der Freude. Er verglich beide Gefühle mit Zwillingsschwestern, die zusammen aufwachsen oder zusammen klein bleiben. Wenn wir jedes Leid von uns fernhalten wollen, verringern wir auch unsere Chance auf Freude. Wenn wir aber das Leid als unvermeidlichen Teil des Lebens erkennen, finden wir Erfüllung.

584 **Verzichten** „Nicht alles zu haben, was man will, ist ein unabdingbarer Teil des Glücks." BERTRAND RUSSELL (1872–1970)

585 **Zufrieden werden** Diese Meditation fördert unsere Fähigkeit, mehr Zufriedenheit aus den kleinen Freuden des Lebens zu gewinnen.

1 Schließen Sie die Augen und denken Sie an „Zufriedenheit". Was bedeutet das Wort für Sie? Welche Rolle spielt es in Ihren Gedanken und Gefühlen?

2 Denken Sie an einen Moment, in dem Sie zufrieden waren – vielleicht beim Ballspiel im Garten oder im Kreis Ihrer Lieben. Sehen Sie sich jetzt in diesem Moment und erfüllen Sie Körper und Geist mit dem Gefühl der Zufriedenheit.

3 Übernehmen Sie dieses Gefühl in die Gegenwart.

586 Das Unergründliche „Der stille, einsame Mensch erkennt das Unergründliche – er sucht nicht, wählt den Weg der Mitte und bindet sich nicht." *I* GING (12. JAHRHUNDERT V. CHR.)

587 **Die Schlange** In einer alten Sage wird eine Schlange gefragt, ob sie lieber Beine hätte, wenn sie die Wahl hätte. „Nein", sagt die Schlange erstaunt. „Ich bin, was ich bin." Wir sind, was wir sind. Wir müssen uns nichts wünschen, was wir nicht haben.

588 **Balance finden** Zeichnen Sie ein Rad aus sechs Segmenten, die für wichtige Bereiche Ihres Lebens stehen: Arbeit, Familie, Beziehungen, Gesundheit, Spiritualität und Kreativität. Die Größe jedes Segments soll seinen Beitrag zu Ihrem Selbstgefühl proportional darstellen. Nehmen Sie nun das Rad als Mandala für eine Meditation. Sehen Sie es nicht als Sammlung von Teilen, sondern als Ganzes – ein gemusterter Kreis. Behalten Sie das Bild wertfrei im Kopf. Die Mitte symbolisiert Ihr unteilbares Selbst.

589 **Lebensweisen** „Beim Wohnen lebe nahe am Boden. Beim Denken halte es einfach. Im Konflikt sei gerecht und großzügig. Beim Regieren versuche nicht zu kontrollieren. Bei der Arbeit mach, was dich erfreut. Im Familienleben sei absolut gegenwärtig." LAOTSE (CA. 604–531 V. CHR.)

590 Rasten „Rasten ist nicht Faulheit, und an einem Sommertag manchmal im Gras zu liegen und dem Plätschern des Wassers zu lauschen oder den vorbeiziehenden Wolken nachzusehen, ist wohl kaum eine Zeitverschwendung." Sir J. Lubbock (1834–1913)

591 Stiller Teich In der chinesischen Philosophie sind Tun und Kontemplation jeweils die Eigenschaften des Königs und des Weisen, die zwei Hauptaspekte eines ausgewogenen Lebens. Im Westen liegt der Schwerpunkt oft auf dem Tun, auf Kosten der Kontemplation. Wenn Sie viel Hektik im Leben verspüren, meditieren Sie an einem stillen Teich oder See. Konzentrieren Sie sich auf das ruhige Wasser, bis Ihr Geist seine Stille widerspiegelt.

Wenn Sie sich antriebslos fühlen, meditieren Sie lieber am fließenden Wasser eines **Brunnens oder Flusses (592)**. Konzentrieren Sie sich auf das Spiel des Wassers und lassen Sie sein Sprudeln Ihren Geist erfrischen.

593 Sich Zeit nehmen „Nimm dir Zeit zu denken ... das ist die Quelle der Kraft. Nimm dir Zeit zu spielen ... das ist das

Geheimnis ewiger Jugend. Nimm dir Zeit zu lachen ... das ist die Musik der Seele. Nimm dir Zeit zu beten ... das ist die größte Macht auf Erden." Spruch an einer Wand im Kinderheim der Missionarinnen der Nächstenliebe in Kalkutta

594 **Inneres Lächeln** Diese Meditation gibt Ihnen in einer schweren Situation sofort positiven Schwung. Stellen Sie sich vor, Sie betrachten Ihr Gesicht im Spiegel. Lächeln Sie und sehen Sie Ihre strahlenden Augen und wie schön Sie sind, wenn Sie lächeln. Genießen Sie das positive Gefühl. Atmen Sie tief und erwecken Sie im gegenwärtigen Moment das Gefühl in Ihnen zum Leben.

595 **Bad im Mondschein** Visualisieren Sie sich an einem breiten Fluss im Wald. Es ist Nacht und der Vollmond hängt über den Bäumen. Sie ziehen sich aus und schwimmen in die Mitte des Flusses. Dort treiben Sie am Rücken liegend und betrachten den Mond, ganz von Frieden erfüllt in dieser Welt aus Mondschein und Wasser. Die Belastungen des Alltags sind in ihren Höhlen verborgen, das sanfte Mondlicht hat sie verdrängt.

596 **Wahre Güte** „Wer wirklich gütig ist, kann nie unglücklich sein. Wer wirklich weise ist, kann nie verwirrt sein." Konfuzius (551–479 v. Chr.)

597 **Lieblingsort** Schließen Sie die Augen und stellen Sie sich vor, Sie sind an Ihrem Lieblingsort. Visualisieren Sie möglichst viele Details, auch Gerüche und Geräusche. Denken Sie an das positive Gefühl, das dieser Ort in Ihnen weckt und nehmen Sie dieses Gefühl mit in die Gegenwart.

598 **Garten der Seele** Visualisieren Sie sich in einem Garten. Das verwilderte Laub der Unzufriedenheit lässt kein Licht durch und das Unkraut der Sorge überwuchert den Weg. Mit Gabel und Baumschere stechen Sie das Unkraut und stutzen Sie die Büsche. Sie dringen tiefer in den Garten vor und entdecken zuvor unbekannte Elemente – einen Brunnen der Liebe und eine Quelle der Kreativität. In die gejätete Erde pflanzen Sie Samen der Freude und des Lachens. Täglich hegen Sie Ihre Pflanzen und sehen die Blumen der Zufriedenheit erblühen.

599   **Sonne** „Wer Sonne in das Leben anderer bringt, wird unweigerlich auch von ihr beschienen." JAMES M. BARRIE (1860–1937)

600   **Tropisches Paradies**
Ein Urlaub auf einer Tropeninsel ist die ultimative Flucht vor dem Alltagsstress. Aber ein Tropenparadies können wir uns überall vorstellen. Schließen Sie Ihre Augen und atmen Sie ein paarmal tief durch. Stellen Sie sich vor, Sie entspannen in einer Hängematte am

Strand. Spüren Sie die warme Sonne und den sanften Hauch der Meeresbrise. Atmen Sie im Rhythmus der Wellen. Spüren Sie bei jedem Ausatmen, wie die Anspannung Ihren Körper verlässt.

601 Goldener Faden Selbst durch das stillste Glück verläuft die Lebensfreude wie ein goldener Faden. Verfolgen Sie diesen endlosen Faden in Ihrem Inneren: Es ist der Kreislauf Ihrer Seele. Folgen Sie in Ihrer Fantasie seinem ewig leuchtenden Pfad.

602 Verlauf des Glücks „Glück ist ein Verlauf, kein Ziel. Darum arbeite, als bräuchtest du kein Geld. Liebe, als seist du nie verletzt worden. Und tanze, als sähe dir niemand zu." ANONYM

603 Heiliges Leben In der indianischen Tradition sind das Heilige und das Alltägliche keine Gegensätze. Selbst die banalsten Handlungen des Alltags haben tiefe Bedeutung – diese Einstellung fördert gelassene Zufriedenheit. Wir können sie uns aneignen, indem wir allem, was wir tun, volle Aufmerksamkeit schenken. Damit bestätigen wir die Heiligkeit unseres Lebens.

604   **Pfauenfedern** Wenn man eine Pfauenfeder aus verschiedenen Blickwinkeln betrachtet, schillert sie wunderschön grün und blau. Viele Dinge im Leben offenbaren ihre Qualitäten, wenn man sie im rechten Licht betrachtet. Oft sind wir durch ihre Vertrautheit blind und sehen ihre Schönheit nicht. Betrachten Sie die Dinge um sich herum mit neuen Augen, wie zum ersten Mal. Sie werden auf ungeahnte Schätze stoßen.

605   **Fenster öffnen** „Jeden Tag öffne ich das Fenster meiner Welt und lasse das Licht herein, um mich mit Hoffnung zu durchfluten, frische Luft, um mich mit Freude zu erfüllen, und neue Ansichten, um meinen Horizont zu erweitern." MODERNE AFFIRMATION

606   **Japanischer Kranich** In Japan ist der Kranich ein Symbol für Glück und Wohlstand. Meditieren Sie über den Kranich. Das Weiß seines schwarz-weißen Gefieders steht für Reinheit; der rote Punkt auf seinem Kopf, ein Feuersymbol, steht für Lebenskraft.

DEN MOMENT GENIESSEN

607   **Alchemie** „Jeder voll aus-
gelebte Moment ist ein
Moment der transzendenten
Alchemie: Feuer, das stump-
fe Metalle in gleißendes
Gold verwandelt." ANONYM

608   **Nur sein** Wenn wir nicht
aufpassen, wird die Medi-
tation nur zu einer weiteren
Pflichtübung zur Selbstver-
besserung – eine typische
Haltung unserer Kultur des
Perfektionismus. Aber wahrer Frieden entsteht aus dem
Einssein mit dem, was wir
sind, nicht mit einem idealen
Ich, das wir in der Zukunft
zu sein hoffen. Wenn wir die

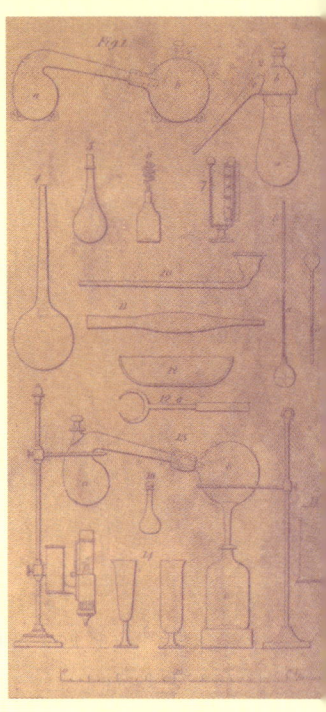

Meditation als Ablauf ohne klares Ergebnis betrachten, schaffen wir einen Raum für uns selbst, in dem wir still unsere Gedanken und Gefühle beobachten und einfach nur sind.

609 **Einsiedler** Diese Visualisierung bringt Ihnen eine kontemplativere Lebensweise näher – ein Gegenmittel zur handlungsorientierten westlichen Gesellschaft. Stellen Sie sich vor, Sie leben als Einsiedler in einer Höhle. Ganz allein, frei von den Forderungen und Einschränkungen der Arbeit, Familie, Beziehungen und restlichen Außenwelt, lenkt Sie kaum etwas vom gegenwärtigen Moment ab. Ob Sie Ihre Grundbedürfnisse nach Nahrung, Wärme und Sauberkeit erfüllen oder ob Sie in stiller Kontempla-tion versunken sind, Sie sind völlig gegenwärtig – und freuen sich einfach darüber, am Leben zu sein. Wie würde sich ein solches Leben anfühlen? Überlegen Sie sich, wie Sie einige Vorzüge des Einsiedlerdaseins in Ihren Alltag übernehmen können.

610 **Der Weg zum Himmel** „Der ganze Weg zum Himmel ist Himmel." KATHARINA VON SIENA (1347–1380)

611 **Sein lassen** Viele Konflikte entstehen, weil wir uns gegen das, was ist, wehren. Erlangen Sie mehr innere Harmonie, indem Sie das, was momentan geschieht, annehmen. Sagen Sie still „ja" zu Ihren Gedanken und Gefühlen, zu den Empfindungen in Ihrem Körper und dem, was Sie um sich herum sehen und hören. Wenn Sie dem, was ist, erlauben, zu sein, ohne es verändern zu wollen, verbinden Sie sich mit der Stille im Zentrum des Seins.

612 **Die Wahrheit des Moments** Fragen Sie sich bei der Meditation: „Welche ist die wahrste Aussage, die ich jetzt über mich treffen könnte?" Schreiben Sie die Aussage auf und meditieren Sie eine Weile darüber. Nehmen Sie dabei wahr, welche Gefühle sie hervorruft. Fragen Sie sich dann, ob es eine noch wahrere Aussage gibt, die Sie treffen könnten. Wiederholen Sie den Ablauf, bis Sie das Gefühl haben, so nah wie möglich an die Wahrheit Ihrer Erfahrung im Moment herangekommen zu sein.

613 **Kerzenmeditation** Eine einfache Meditation – ideal für Einsteiger. Sitzen Sie in einem dunklen Raum am Boden, eine brennende Kerze vor sich. Blicken Sie eine Weile durch halb geschlossene Augen in die Flamme. Schließen Sie dann Ihre Augen und sehen Sie die Flamme hinter Ihren Lidern nachglühen. Lassen Sie das Licht Ihren Geist erfüllen. Wenn Ihre Gedanken abschweifen, öffnen Sie die Augen ein wenig und schauen Sie auf die Flamme. Schließen Sie wieder die Augen. Machen Sie so lange weiter, wie Sie möchten.

614 **Ganz bewusst** Üben Sie Achtsamkeit, indem Sie zehn Minuten lang versuchen, sich der vielen, komplexen Sinneseindrücke jedes Moments bewusst zu sein – nehmen Sie alle Formen und Farben, Geräusche und Gerüche um Sie herum wahr, und das Gefühl der Luft und der Stoffe auf Ihrer Haut. Vielleicht entziehen sich Ihre Gedanken, indem Sie aus der Gegenwart in die Vergangenheit oder Zukunft schweifen. Bringen Sie sie einfach wieder zurück in den Moment. Denn nur von hier erhaschen wir eine Blick auf die Glückseligkeit.

615 **Klang der Stille** Setzen Sie sich mit geschlossenen Augen an einen ruhigen Ort und lauschen Sie den Geräuschen um Sie herum. Vielleicht tauchen Geräusche aus der Stille auf, die Sie sonst nicht bemerken würden – etwa das Seufzen des Windes, das Trällern der Vögel, der Schlag Ihres Herzens. Lenken Sie Ihre Aufmerksamkeit allmählich auf die Stille zwischen den Geräuschen. Lassen Sie eine tiefere Stille in Ihr Bewusstsein dringen.

616 **Keine Reue** Meditieren Sie über den Ort in sich, an dem Ihre Reue liegen würde. Der Platz ist leer. Sie bereuen nichts, was Sie getan haben oder was Sie nicht getan haben. Vielleicht hätten Sie mehr gesehen, wenn Sie höher hinauf geblickt hätten, aber auch das bereuen Sie nicht. Frei von Reue sind Sie glücklich.

617 **Im Heute** „Die Träume von gestern flüstern mir zu; Visionen von morgen locken mich. Aber im Heute muss ich leben, hier, wo der Strom des Lebens mein Blut schneller fließen lässt und jeden Moment elektrisch auflädt." FREI NACH KALIDASA, INDISCHER DICHTER (5. JAHRHUNDERT)

618   Die Blüte des Moments „Künstler, Dichter oder Lehrer – wenn ihr eure Ideen oder Gefühle festhalten und unsterblich machen wollt, ergreift sie im richtigen und flüchtigen Moment, denn das ist ihr höchster." AMIEL (GEST. 1881)

619   Anker lichten Während wir unserem Alltag nachgehen, zerstreuen sich oft unsere Energien. In Erwartung des Tages denken wir auch an die Vergangenheit oder Zukunft – vielleicht an den jüngsten Erfolg, an eine Tat, die wir bereuen oder an ein zukünftiges Gespräch. Diese Bindungen an andere Zeiten rauben Ihnen Energie und lenken Ihre Aufmerksamkeit vom Erleben des Moments ab. Visualisieren Sie diese Bindungen als Anker, die Sie behindern. Stellen Sie sich nun vor, wie Sie diese Anker lichten und Sie frei sind, um die Gegenwart bewusst zu erleben.

620   In Erwartung des Schmetterlings „Das Glück ist wie ein Schmetterling: Will man ihn fangen, entwischt er einem immer wieder, aber wenn man ganz still dasitzt, lässt er sich vielleicht auf einem nieder." NATHANIEL HAWTHORNE (1804–1864)

621   **Vollkommen gegenwärtig** „Ich bin vollkommen gegenwärtig für die Begegnung mit allem und jedem. Ich reagiere einfühlsam auf alle aufkommenden Situationen." MODERNE AFFIRMATION

622   **Achtsames Kochen** Betrachten Sie das Kochen nicht als lästige Pflicht, sondern als Übung der meditativen Technik der Achtsamkeit, der vollen Aufmerksamkeit für den gegenwärtigen Moment. So wird das Kochen angenehmer und bereichernder. Lassen Sie bei der Zubereitung des Essens Ihre Sinne in den Farben, Formen und Gerüchen der Zutaten schwelgen – zum Beispiel im satten burgunderroten Glanz einer Aubergine oder im honigsüßen Duft einer Melone. Wählen Sie jeden Handgriff mit Bedacht und Sorgfalt, wie bei einem Ritual. Bedanken Sie sich vor dem Anrichten für das Essen und Ihre Gäste, mit denen Sie es teilen.

623   **Sei, wo du bist** „Wenn du gehst und isst und reist, sei, wo du bist. Sonst wirst du den Großteil deines Lebens verpassen." BUDDHA (CA. 563–CA. 460 V. CHR.)

624 **Die Welt neu entdecken** Ein ungewöhnlicher Weg zu einem
geschärften Bewusstsein für den gegenwärtigen Moment ist das
Erkunden der Natur mit verbundenen Augen. Wechseln Sie sich
mit einem Partner dabei ab, sich gegenseitig in Stille durch einen
Garten, einen Park oder eine ähnliche Naturlandschaft zu führen.
Der Sehende hilft dem Partner mit den verbundenen Augen
dabei, die einfachen Freuden der Natur zu erforschen – etwa den
zarten Duft einer Blume, die knorrige Rinde eines Baums oder die
herbe Süße einer Brombeere. Der Nichtsehende lernt dabei, sich
dem Moment hinzugeben und genießt die Innigkeit jedes
Erlebnisses.

625 **Flüchtige Freude** „Wer eine Freude an sich bindet, dessen
beschwingtes Leben schwindet. Doch wer die Freude küsst im
Flug, hat der Sonne stets genug." WILLIAM BLAKE (1757–1827)

626 **Augen öffnen** „Ich öffne meine Augen für das Wunder des
Seins. Ich freue mich über den Verlauf meines Lebens und staune
über seine Schönheit. Ich bin glücklich." MODERNE AFFIRMATION

FREUDE AM SPIEL

627 **Innere Harmonie** „Ich spiele in der Welt. Alle Erfahrungen erfüllen mich mit Freude. Am schönsten finde ich es, diese Freude zu teilen und zu verbreiten." MODERNE AFFIRMATION

628 **Ausruhen** „Neues entsteht nicht durch den Intellekt, sondern durch den Spielinstinkt, der aus innerer Notwendigkeit agiert. Der kreative Geist spielt mit den Objekten, die er liebt." C. G. JUNG (1875–1961)

629 **Glückliche Zeiten** Diese Meditation verbindet Sie in stressigen Zeiten mit Ihrem natürlichen Zustand der Freude. Nehmen Sie ein Kinderfoto von sich zur Hand, auf dem Sie lachen. Betrachten Sie es und lassen Sie die positiven Gefühle des festgehaltenen Moments in Ihr Bewusstsein sickern. Erweitern Sie diese Gefühle, indem Sie möglichst viele Details von diesem Moment visualisieren. Sonnen Sie sich in diesen glücklichen Erinnerungen. Richten Sie Ihre Aufmerksamkeit dann wieder auf die Gegenwart und nehmen Sie das Gefühl der Verspieltheit und Freude, das Sie als Kind hatten, mit ins Jetzt.

630 **Spiel für alle** Das Glücklichsein ist kein Sport zum Zuschauen: Auch Ihre Familie und Freunde spielen mit.

631 **Verspielte Delfine** Spielen verbessert unsere Lebensqualität. Wenn Sie die Hemmungen eines Erwachsenen nicht ablegen können, stellen Sie sich vor, mit Delfinen zu schwimmen. Spüren Sie Freiheit und Freude, wenn Sie mit ihnen spielen und im Wasser herumtollen. Genießen Sie es, sich ausgelassen und ganz ungewohnt im Meer zu bewegen.

632 **Spiel des Windes** „Und vergiss nicht, dass es die Erde entzückt, deine nackten Füße zu spüren, und der Wind sich danach sehnt, mit deinem Haar zu spielen." KHALIL GIBRAN (1883–1931)

633   **Das Leben als Spielplatz** Als Erwachsene nehmen wir das Leben oft zu ernst und sorgen uns ständig, ob wir auch das Richtige tun. Wenn wir die Welt als Abenteuerspielplatz betrachten, auf dem es viel zu entdecken gibt, können viele unserer Ängste schwinden. Stürmen Sie ausgelassen durch die Angst hindurch, um sie zu überwinden.

634 **Kinderaugen** Auch wenn Kinder erst wenig erlebt haben, ist ihre Lebenslust grenzenlos. Schließen Sie Ihre Augen und stellen Sie sich als kleines Kind vor. Sehen Sie Ihre Welt aus seiner Perspektive. Staunen Sie über alles, was Sie sehen. Kehren Sie in Ihr jetziges Ich zurück und versuchen Sie, diese kindliche Sichtweise mit der Reife Ihres Erwachsenendaseins zu verbinden.

635 **Die Last abnehmen** „Wie erfrischend das Gewieher eines Packesels klingt, wenn die Last von seinem Rücken gehoben wird." ZEN-WEISHEIT

636 **Der Entdecker** „Die Orte, die ich besuche, die Menschen, die ich treffe, und die Ideen, die mir begegnen, machen mich zu einem Entdecker – ich bin ein Kolumbus des Geistes, der jeden Tag Neuland betritt." MODERNE AFFIRMATION

637 **Risiko** Das Leben ist voll anregender Risiken – des Begegnens, des Gebens, des Liebens. Wir müssen uns in diese Risiken stürzen, um uns entfalten zu können. Stillstand macht unglücklich.

DANKBARKEIT

638 Tugenden „Dankbarkeit ist nicht nur die größte Tugend, sondern auch die Mutter aller Tugenden." Cicero (106–43 v. Chr.)

639 Zuhause im Leben Sitzen Sie entspannt und denken Sie über Ihr derzeitiges Leben nach. Es verändert sich. Die Zukunft ist unbekannt. Manche Hoffnungen werden sich nicht erfüllen – manche Ängste aber auch nicht. Auch werden Sie älter. Sie reisen durch eine Landschaft, die sich in ständigem Wandel befindet. All diese Veränderungen bilden Ihr „Zuhause". Erkennen Sie, wo Sie sich im Leben gerade befinden ... seien Sie dankbar.

640 Blick auf die Ewigkeit „Dankbar sein für den Moment ist die einzige Möglichkeit, einen kurzen Blick auf die Ewigkeit zu erhaschen." Moderne Meditation aus Spanien

641 Stille Dankbarkeit Wir empfinden alle Gaben – materielle, geistige, spirituelle – als selbstverständlich, weil wir uns genauso wenig vorstellen können, ohne sie zu sein, wie nicht zu sprechen. Meditieren Sie in Stille und schätzen Sie Ihre Gaben.

642 **Zusammenspiel der Welt** „Sei dankbar für alles in deiner Welt, das zusammenspielt, um dir Leben und Kraft zu geben." Ignatius von Loyola (1491–1556)

643 **Dank sagen** „Wenn du am Morgen aufstehst, bedanke dich für das Morgenlicht. Bedanke dich für dein Leben und für deine Kraft. Bedanke dich für dein Essen und für die Lebensfreude. Und wenn du keinen Grund siehst, dich zu bedanken, kannst du dir sicher sein, dass der Fehler bei dir liegt." Häuptling Tecumseh vom Volk der Shawnee (gest. 1813)

644 **Dankbar sein** Dankbarkeit ist ein Wegfluss an positiver Energie als Reaktion auf einen Zufluss an positiver Energie. Dieser Austausch von Gaben und Dank ist das Gleichgewicht eines zufriedenen Lebens. Nichts wird gemessen, nichts fehlt. Wir schulden Dank für tausend Gaben, große und kleine.

645 **Himmlischer Dank** „Dankbarkeit ist der Himmel selber."
William Blake (1757–1827)

646 **Gaben der Erde** Achten Sie aufmerksamer auf Ihr Essen bei
Tisch. Essen Sie langsam, genießen Sie Duft, Geschmack und
Konsistenz. Danken Sie innerlich der Erde dafür, dass sie Ihren
Körper und Ihre Seele mit dieser Mahlzeit nährt.

   Essen Sie mit Freunden in Stille (647) und seien Sie zusammen aufmerksam und dankbar für das gemeinsame Mahl.

648 **Das Gebet** „Ein einziger dankbarer Gedanke gen Himmel ist
das vollkommenste Gebet." G. E. Lessing (1729–1781)

649 **Privileg der Freiheit** „Auf meiner langen Reise habe ich das
Privileg, meine Freiheit ausleben zu können. Die Freiheit, meinen Weg zu wählen, die Freiheit, stehenzubleiben, die Freiheit,
ohne Behinderung durch andere weiterzugehen, Freiheit von
Überfällen und Landminen und vom Anblick von Leid und Elend
– eine unbeschreiblich kostbare Freiheit." Moderne Affirmation

650 **Himmlische Freuden** „Deine Freude an der Welt ist nie die rechte, bis du jeden Morgen im Himmel aufwachst, dich in Gottes Palast siehst, und auf die Erde, das Firmament und die Luft als himmlische Freuden schaust, mit einer so liebevollen Hochachtung, als befändest du dich bei den Engeln."
THOMAS TRAHERNE (1637–1674)

651 **Abschließen** Dankbarkeit hilft Ihnen beim Abschließen mit einer Beziehung zu jemandem, der zwar nicht mehr Teil Ihres Leben, aber immer noch Ihrer Gedanken ist. Denken Sie an diese Person, an die Rolle, die sie in Ihrem Leben spielte und an das, was sie Ihnen gelehrt hat. Danken Sie ihr nun im Geiste für diese Lehren und geben Sie ihr ein Geschenk als Symbol Ihrer Dankbarkeit. Spüren Sie die Wärme ihrer Dankbarkeit für all das, was Sie ihr geschenkt haben. Sehen Sie, ob Sie nach diesem Austausch ein Gefühl von Vollständigkeit verspüren.

652 **Liebe annehmen** Nehmen Sie sich Zeit, die Gaben anderer zu schätzen. Das öffnet Ihr Herz dem Schenken und Annehmen von Liebe. Konzentrieren Sie sich dazu auf Ihr Herz. Visualisieren Sie ein warmes, sanftes Glühen in Ihrer Brust und spüren Sie Ihren ruhigen Herzschlag. Denken Sie dabei an die Gaben, mit denen andere Ihr Leben bereichert haben – vielleicht Ihre Liebe zur Kunst, inspiriert durch Ihre Mutter, oder das Mitgefühl Ihrer besten Freundin. Spüren Sie die Dankbarkeit in Ihrem Herzen, denn alle Gaben wurden Ihnen aus Liebe geschenkt.

653 **Segen der Liebe** „Ich öffne mein Herz der Liebe und bedanke mich für die unendliche Liebe, die ich geben und erhalten kann." MODERNE AFFIRMATION

654 **Mit offenen Armen** „Gott gibt jenen nichts, die ihre Arme verschlossen halten." BAMBARA-SPRICHWORT (MALI)

655 **Jakobsmuschel** Die Schale der Jakobsmuschel ist ein schönes Geschenk des Meeres. Sie symbolisiert das weibliche Prinzip der Empfänglichkeit. Nur wenn wir dafür offen sind, empfangen und schätzen wir die Gaben des Lebens. Darum ist die

Empfänglichkeit ein Anziehungspunkt für tiefe Erfüllung, die jeder erfahren kann. Stellen Sie sich vor, wie sich Ihre Seele beim Meditieren wie eine Jakobsmuschel öffnet.

656 **Tür zur Seele** „Die Seele sollte immer ein Stück offen sein, bereit, die ekstatischen Erfahrungen willkommen zu heißen." EMILY DICKINSON (1830–1886)

657 **Gnade annehmen** Manchmal nehmen wir etwas nicht gerne an, weil wir uns für unwürdig halten. Doch wir alle haben Anspruch auf Gnade (Gaben, die wir uns scheinbar nicht verdient haben), einfach, weil wir geistige Wesen in Menschenform sind. Vertrauen Sie auf den Reichtum der Welt und kennen Sie Ihren wahren Wert. Nehmen Sie Gaben dankbar an, damit der Fluss der Gnade weiterfließen kann, wenn auch Sie Freude bereiten.

658 **Die Wohnungen Gottes** „Gott hat zwei Wohnungen: eine im Himmel und eine in einem sanftmütigen, dankbaren Herzen." IZAAK WALTON (1593–1683)

SELBSTWERTSCHÄTZUNG

659 **Die Verwandlung des Narziss** Narzissmus ist die übertriebene Selbstverliebtheit, die echte Verbindungen zu anderen verhindert. Paradoxerweise entspringt sie einem Mangel an Selbstliebe. Die griechische Sage des Narziss zeigt uns eine Lösung für dieses Problem. Wenn Narziss sein Spiegelbild im Wasser sieht, sieht er sich so, wie andere ihn sehen – als anderen. Als er sich in diesen anderen verliebt, lernt er nicht nur, sich selbst zu lieben, sondern auch andere. Seine Verwandlung in eine Narzisse symbolisiert das Aufblühen seiner Persönlichkeit durch diesen Wandel. Um unseren eigenen Narzissmus zu überwinden, müssen wir lernen, uns selbst zu lieben. Dazu können wir über unserem Spiegelbild meditieren, wie Narziss es tat.

Als weiterer Schritt **zeichnen Sie ein Bild von sich (660)**. Versuchen Sie dabei objektiv zu sein, wie ein anderer es wäre. Meditieren Sie dann über dem Bild, das Sie kreieren.

661 **Stärke aus der Schwäche** Verlieren Sie sich nicht in Ihrer Schwäche. Es liegt Stärke im Annehmen jener Teile Ihrer selbst, die Sie nicht mögen.

662 **Zu sich selbst** Die wichtigste Beziehung in unserem Leben ist jene zu uns selbst. Keine andere Beziehung kann sie angemessen ersetzen. Regelmäßiges Meditieren hilft Ihnen dabei, diesen wesentlichen Aspekt Ihres Lebens zu auszubilden.

663 **Das Geheimnis** „Schau in dich! Das Geheimnis liegt in dir!"
HUINENG (638–713)

664 **Urteil und Vergebung** Wenn wir über uns urteilen, trennen
wir uns vom Mitgefühl – der Energie des Herzens. Gestehen Sie
sich in Ihrer Abendmeditation die Selbsturteile ein, die Sie am Tag
gemacht haben und lösen Sie sie mit folgenden Worten auf: „Ich
vergebe mir, dass ich über mich geurteilt habe." Indem Sie sich so
Liebe schenken, können Sie wieder eine Verbindung herstellen.

665 **Gut genug sein** In unserer Gesellschaft gilt, dass wir nicht
gut genug sind, so wie wir sind. Ständig sollen wir uns selbst
verbessern, um schöner, reicher, erfolgreicher oder spiritueller
zu werden. Oft reagieren wir auf diese Botschaften mit dem
erbarmungslosen Bemühen, bessere Menschen zu werden. Aber
was, wenn wir auf unsere Art und Weise gut genug sind? Wenn
wir bloß unsere wahre Schönheit entfalten müssen, statt hartnä-
ckig zu versuchen, uns zu verändern? Stellen Sie sich als vollkommen vor, wie ein Samen oder eine Knolle. Alles, was Sie

suchen, liegt in Ihnen – Eigenschaften, Ideen, Bewusstsein. Für ein Leben in Frieden benötigen Sie nicht mehr.

666 Sei was du bist „Wünsche nicht, etwas anderes zu sein, als was du bist, sondern versuche es, so gut wie möglich zu sein." FRANZ VON SALES (1567–1622)

667 Bäume „Wie ein Baum recke ich mich nach dem Licht und stärke mich aus meinen Wurzeln. Die Stürme des Lebens krümmen mich, aber ich bin einzigartig schön." MODERNE AFFIRMATION

668 Blumen im Inneren „Geh nicht hinaus, um die Blumen zu sehen. … In deinem Körper wachsen viele Blumen. Eine Blüte hat tausend Blätter, ein Ort zum Verweilen. Von dort kannst du die Schönheit im Inneren des Körpers und außerhalb davon erblicken, vor und nach den Gärten." KABIR (1440–1518)

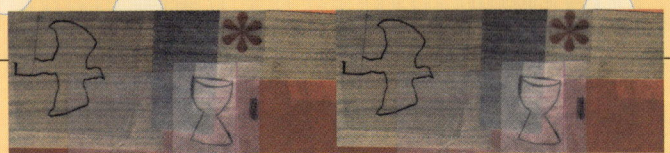

669 **Diamantenmeditation** Wie ein Diamant hat auch die Seele viele Facetten, die Licht in die Welt strahlen. Jede Facette ist eine wesentliche Qualität – etwa Liebe, Frieden, Mitgefühl, Akzeptanz und Geduld. Wählen Sie im Lauf einer Woche jeden Morgen eine wesentliche Qualität und meditieren Sie über sie, damit sie Ihr Bewusstsein formen kann. Denken Sie jeden Abend darüber nach, wie sich diese Facette tagsüber gezeigt hat.

670 **Ihr bester Freund** Wir urteilen über uns selbst oft viel strenger als über unsere Freunde. Wenn wir uns liebevoll behandeln, verwandeln wir uns in die mitfühlenden Wesen, die wir eigentlich sind. Schließen Sie Ihre Augen und stellen Sie sich vor, Sie sind Ihr bester Freund – eine herzliche, fürsorgliche Person, die Sie auf liebevolle, unterstützende Art und Weise anblickt. Schätzen Sie Ihre guten Eigenschaften und loben Sie Ihre Erfolge, egal, wie klein sie auch sind. Umarmen Sie sich zum Abschluss. Genießen Sie das Gefühl, so geliebt zu werden, wie Sie sind.

671   Unbesiegbar „Im tiefsten Winter erkannte ich, dass in mir ein unbesiegbarer Sommer lebt." ALBERT CAMUS (1913–1960)

672   Sich schätzen Viele denken, dass das, was wir an uns nicht mögen, unsere positiven Eigenschaften zunichte macht und wir grundlegend fehlerhaft sind. Liebevoller wäre es, unsere guten Eigenschaften als Abglanz unseres wahren Selbst zu sehen, und unsere Fehler als Resultat der Entfremdung von unserem wahren Selbst – vielleicht aus Angst. Wenn wir unsere guten Eigenschaften schätzen, richten wir uns auf unser wahres Selbst aus. So können wir diese Eigenschaften stärker zeigen und wahrhaftiger wir selbst sein. Welche sind Ihre wahren Eigenschaften? Gehen Sie in sich und erfreuen Sie sich an Ihren Tugenden.

Wenn Ihnen nichts Positives einfällt, **denken Sie an Komplimente (673)**, die Sie bekommen haben, oder **bitten Sie einen Freund (674)**, Ihre Qualitäten zu beschreiben.

675   Wunder in uns „Wir tragen in uns die Wunder, die wir außerhalb suchen." SIR THOMAS BROWNE (1605–1682)

676 Schatztruhe Denken Sie an die Schätze, die in Ihnen liegen – etwa Liebe, Stärke, Mut, Mitgefühl. Konzentrieren Sie sich auf diese positiven Eigenschaften; vertrauen Sie auf das, was Sie haben und was Sie sind. Dabei öffnet sich Ihre innere Schatztruhe und offenbart den Menschen in Ihrem Leben Ihre Schätze.

677 Freude am Selbst „Indem wir Freude an unserem eigenen, besonderen Handeln empfinden, erlangt jeder von uns Vollkommenheit." *BHAGAVAD GITA* (1. ODER 2. JAHRHUNDERT)

678 Loblied des Herzens Stellen Sie sich vor, dass Ihr Herz Ihnen im Alltag Loblieder singt. Sie können die hohe Frequenz nicht hören, aber wann immer Sie denken, dass andere an Ihren Qualitäten zweifeln, können Sie sich durch diese beständige Anerkennung bestärken. Innerlich kennen Sie Ihren Wert.

679 Ausdehnung „Sich kleinzumachen dient dir nicht. Es ist nichts Erleuchtendes darin, zu schrumpfen." NELSON MANDELA (1918–2013)

680   Held zu Besuch Schließen Sie Ihre Augen und spazieren Sie im Geiste in Ihrer Gegend herum. Sie sind ein mythischer Held auf einer wichtigen Mission. Sie sind besonders, auch wenn Sie aussehen wie alle anderen. Sie freuen sich über Ihr geheimes Ziel und sind stolz, dass Sie Ihre Aufgabe erfüllen können. Zählen Sie Ihre speziellen Fähigkeiten auf und spüren Sie die Freude in Ihrem Herzen.

681   Den Kelch füllen Wenn man von den Aufgaben des Lebens überfordert ist, vernachlässigt man sich schnell. Wenn wir aber unseren eigenen Kelch nicht füllen, so haben wir auch nichts für andere. Nehmen Sie sich täglich etwas Zeit für sich selbst. Stellen Sie sich dazu als leerer Kelch vor. Ein Krug füllt nun den Kelch auf, bis er mit dem goldenen Elixier der Liebe überfüllt ist. Nun haben Sie eine Reichtum an Liebe zu geben.

MIT PROBLEMEN UMGEHEN

682 **Den Sender finden** Diese Meditation befreit uns von Ängsten. Sitzen Sie bequem und konzentrieren Sie sich auf unbehagliche Gefühle. Suchen Sie ein bestimmtes Gefühl, wie einen Radiosender. Haben Sie es erkannt, so tun Sie etwas damit oder lassen Sie es los. Suchen Sie noch andere Ängste. Wenn Sie alle erkannt und losgelassen haben, stellen Sie die Stille ein und erfüllen Sie damit Ihren Geist.

683 **Zen** „Lebe mit einem Zen-Bewusstsein und du hast keine Angst mehr davor, unvollkommen zu sein." SENGCAN (CA. 520–606)

684 **Der Bienenstock** Wenn Sie das ständige Summen Ihrer Ängste stört, schließen Sie Ihre Augen und visualisieren Sie diese Probleme als Bienenschwarm in Ihrem Kopf. Stellen Sie sich dann einen Bienenstock vor, in den Sie die Bienen nacheinander gedanklich hineinlenken. Wenn alle Bienen im Stock sind, hört das Summen auf. Ihre Ängste wurden an einen Ort geführt, wo sie Sie nicht mehr belästigen können.

685 Drachenbezwinger

Wenn Sie Sorgen pla-
gen, schließen Sie die
Augen und stellen Sie
sie sich diese als
Drachen vor. Verfolgen
Sie ihn mit einem
Schwert und kämpfen
Sie mit ihm, bis er sich
in seine Höhle zurück-
zieht. Gestärkt durch

den Triumph fühlen Sie sich bereit, es mit dem Grund für den
Zorn des Drachens aufzunehmen – der Ursache Ihrer Sorgen.

686 Pusteblume Schließen Sie Ihre Augen und stellen Sie sich vor,
Sie halten eine weiße Pusteblume. Die weichen Samen sind die
Belastungen Ihres Geistes. Pusten Sie sie weg. Mit jedem
Atemzug fliegen die Samen davon. Wie viel Zeit mit der
Pusteblume benötigen Sie, um Ihren Geist zu beruhigen?

687 Erleichterung Wenn Sie negative Gedanken bedrücken, stellen Sie sich vor, wie sich jeder einzelne in Ihrem Kopf in eine Blase verwandelt und über Ihren Scheitel hinausfliegt. Ihre Anspannung fliegt mit davon. Geist und Seele werden leichter.

688 Der Sonne entgegen „Wende dein Gesicht der Sonne zu und der Schatten fällt hinter dich." MAORI-SPRICHWORT

689 Tiere zähmen Der griechische Held Orpheus zähmte Tiere durch das Spiel seiner Lyra und seinen Gesang. Auf ähnliche Art und Weise können wir unsere Ängste zähmen. Hören Sie ein schönes Musikstück und stellen Sie sich dabei Ihre Sorgen als Tiere vor, die von der Musik beruhigt werden. Schließlich liegen sie Ihnen friedlich zu Füßen und Sie fühlen sich viel gelassener.

Prägen Sie sich die Musik gut ein und **denken Sie an das Stück (690)**, wann immer Sie sich ängstlich fühlen.

691 Vogelgesang Sitzen Sie bequem mit geschlossenen Augen und lauschen Sie ein paar Momente lang dem Geschnatter Ihrer

Ängste, die Ihre innere Ruhe stören. Stellen Sie sich diese Gedanken wie das Geschrei im Dschungel vor – kreischende Affen, trompetende Elefanten und so weiter. Über all dem Lärm erhebt sich das wunderschöne Lied eines Singvogels. Konzentrieren Sie sich darauf. Dabei rücken die anderen Geräusche in den Hintergrund und Ihnen bleibt ein friedliches Gefühl.

692   Summender Atem Das Summen dieser Atemübung erzeugt Schwingungen im Körper, die nervenberuhigend wirken. Sitzen Sie bequem mit geschlossenen Augen. Konzentrieren sie sich auf Ihre Atmung und atmen Sie lange ein. Summen Sie beim Ausatmen sanft mit geschlossenem Mund und entspanntem Kiefer. Wiederholen Sie das acht- bis zwölfmal. Lassen Sie den Klang in Ihrem Gesicht und in Ihrem Kopf vibrieren.

693   In der Sonne bleiben „Erwarte keine Schwierigkeiten und sorge dich nicht um Dinge, die vielleicht nie geschehen werden. Bleib im Licht der Sonne." BENJAMIN FRANKLIN (1706–1790)

Die Welt
im Ganzen

VERBINDUNG ZUR NATUR

694   **Heilige Lichter** Eine Meditation über die Wunder der Natur verbindet uns mit der geistigen Welt. Schließen Sie Ihre Augen und stellen Sie sich das Nordlicht, *Aurora borealis*, vor. Dieses schimmernde Licht sieht man manchmal am Himmel der nördlichsten Regionen. Visualisieren Sie die zarten Lichtschleier der Nacht und spüren Sie Ihre bewegte Seele, die ihre Schönheit in den funkelnden Lichtern wiedererkennt.

695   **Lehre der Steine** „Die Natur lehrt mehr, als sie predigt. Steine enthalten keine Predigten. Aus einem Stein kann man eher einen Funken herausschlagen als eine Moral." John Burroughs (1837–1921)

696   **Übes Wasser laufen** In Lateinamerika lebt der Basilisk, ein faszinierendes Tier, das man auch Jesus-Christus-Echse nennt, da es übers Wasser laufen kann. Visualisieren Sie, wie es mit seinen paddelartigen Füßen über einen Teich läuft. Staunen Sie über dieses Wunder der Natur und seien Sie offen und dankbar für das Wunderbare in der Welt.

697   **Das Wesen der Wunder** „Wunder stehen nicht im Gegensatz zur Natur, sondern nur zu dem, was wir über die Natur wissen." AUGUSTINUS VON HIPPO (354–430)

698   **Mondschatten** Meditieren Sie über Ihren Mondschatten. Stellen Sie sich vor, Sie gehen im Licht des Vollmonds durch Felder und Wälder. Ihr Mondschatten folgt Ihnen auf Hecken und Büschen, und hinter Ihnen auf Hügeln. Das ist das Licht jenseits des Verstandes – stark genug, um auch noch zu sehen, nachdem uns die Sonne des Verstandes Tageslicht geschenkt hat.

699   **Das Wunderbare** „In allen Dingen der Natur findet sich etwas Wunderbares." ARISTOTELES (384–322 v. CHR.)

700   **Ordnung im Chaos** Meditieren Sie in einer klaren Nacht über die Sterne. Suchen Sie nach Sternbildern wie Orion und Taurus. Lassen Sie sich von den Mustern der Sterne versichern, dass es eine Ordnung im scheinbaren Chaos gibt. Meditieren Sie nun über die Muster in Ihnen, die alle Widersprüche ordnen.

701 **Naturgewalten** Die wahllosen Unruhen der Natur erinnern uns an das, was wir nicht ändern können – all das, was wir in unserem Leben und der Welt akzeptieren müssen. Visualisieren Sie, wie Sie ehrfürchtig ein Erdbeben, einen Vulkanausbruch oder einen Hurrikan beobachten. Erkennen Sie dabei die unbezwingbaren Naturgewalten an und akzeptieren Sie sie – und denken Sie mitfühlend an die davon betroffenen Menschen.

702 **Mit Absicht** „Durch scheinbar antagonistische und zerstörerische Kräfte erlangt die Natur ihre segensreichen Schöpfungen – mal eine Feuersbrunst, mal eine Eiszeit, mal eine Wasserflut und dann, in der Fülle der Zeit, ein Ausbruch organischen Lebens." JOHN MUIR (1838–1914)

703   **Erhabenheit** Ich ergebe mich der Erhabenheit der Natur – dem willkürlichen Zorn des Sturms, der gelassenen Entschlossenheit des Berges, dem wankelmütigen Versprechen des Mondes.

704   **Schutzmantel** „Wenn ich reise durch die Nacht, schütze mich mit einem Mantel aus des Himmels glänzender Nacht, des Mondes fließendem Licht, des Feuers wildem Brand, des Meeres wirbelnder Tiefe, der Erde verwurzelnder Geduld, des Windes aufsteigender Wildheit, der Eule scharfem Blick." FREI NACH EINEM ISLÄNDISCHEN GEBET

705   **Elemente** Die Weisen des Altertums glaubten, dass die vier Elemente Feuer, Erde, Wasser und Luft die erhaltenden Energien der Erde waren. Meditieren Sie über die Macht der Elemente und das enorme Ausmaß ihrer vereinten Kräfte. Enden Sie mit einem Dankgebet für alles, was uns die Elemente schenken.

    Die Qualitäten jedes Elements spiegeln die Qualitäten der Seele wider. Meditieren Sie über jedes Element zur Erinnerung an Ihre Seelenqualitäten. **Luft (706)** steht für Reinheit, Bindung und

Lebenskraft. Die fließende Energie des **Wassers (707)** ist reinigend, lebenserhaltend und steht für Wissen. Die stabile, solide Energie der **Erde (708)** ist fürsorglich und nährend. **Feuer (709)** steht für Reinigung, Leidenschaft und Befreiung.

710 **Die Güte des Wassers** „Höchste Güte ist wie das Wasser. Des Wassers Güte ist es, zehntausend Wesen zu nützen, aber es drängelt nicht, sondern gibt sich mit den Orten zufrieden, die alle Menschen verschmähen." LAOTSE (CA. 604–531 V. CHR.)

711 **Pflanzen versorgen** Machen Sie die Pflege Ihrer Pflanzen zu einer meditativen Handlung. Wenn Sie sie gießen, nähren oder winterfest machen, spüren Sie Ihre wärmende Herzensliebe für diese kostbaren Lebewesen, die uns den Sauerstoff zum Atmen geben.

712 **Unentdeckte Werte** „Was ist ein Unkraut? Eine Pflanze, deren Wert man noch nicht entdeckt hat." RALPH WALDO EMERSON (1803–1882)

713   **Naturvertrauen** Die Erde und all Ihre Bäume und Pflanzen fühlen sich durch unsere Berührungen und Blicke geliebt. Verraten wir diese Liebe nicht. Bleiben wir der Natur treu.

714   **Erdenergie** Sammeln Sie einige Kieselsteine und spielen Sie mit ihnen in der Hand. Spüren Sie ihre glatte Oberflächen und hören Sie die Geräusche, wenn sie aneinanderstoßen. Denken Sie an die Erde, in der sie viele Jahre lagen. Zapfen Sie die immensen Kräfte an, die unseren Planeten erschaffen haben.

715   **Die Erde umarmen** Verbinden Sie sich mit der Erde als lebendige Einheit. Liegen Sie mit dem Gesicht nach unten auf einer Wiese. Ihre Arme sind ausgestreckt, als umarmten Sie die Erde. Spüren Sie, wie die Erde Ihren Körper sicher stützt. Öffnen Sie sich den Energieschwingungen, die durch den Boden pulsieren und sich mit Ihnen liebevoll verbinden.

716 Tanz der Zeit „Ich nehme in meinem Herzen die sanften Rhythmen der Natur auf, die ihren beständigen Tanz der Zeit vollführen." MODERNE AFFIRMATION

717 Wie ein Fels Sitzen Sie entspannt mit geschlossenen Augen da. Denken Sie an etwas aus der Natur, etwa an einen Vogel, Baum, Wasserfall oder Felsen. Werden Sie in der Fantasie zu diesem Objekt. Spüren Sie seine Präsenz und wie es ist, in seinem Körper zu leben. Wie behandeln es die Menschen? Was benötigt es, um zu gedeihen? Was lehrt es uns? Wovor warnt es uns? Machen Sie sich Notizen und reflektieren Sie später darüber.

718 Füße am Boden „Gesunde Füße hören den Herzschlag der heiligen Erde." HÄUPTLING SITTING BULL (1831–1890)

719 Verbindung zur Natur In der Natur zu sein ist heilsam. Es verankert uns in unserem Körper und bestärkt das Gefühl von Verbundenheit mit der Welt. Verbringen Sie möglichst oft Zeit im Grünen, ob in Gärten, Parks oder in der freien Natur. Lassen Sie all Ihre Sinne den Einklang mit der Natur erfahren. Sehen Sie die Formen und Farben der Blumen, hören Sie die Vögel singen, riechen Sie die erdigen Düfte des Bodens und der Blumen.

Auch in der Fantasie können wir uns mit der Natur verbinden. Schließen Sie die Augen und **visualisieren Sie eine Wiese (720)** an einem sonnigen Nachmittag. Achten Sie auf die verschiedenen Arten von Pflanzen, Vögeln, Tieren und Insekten. Beobachten Sie ihr Zusammenspiel und konzentrieren Sie sich dann auf einzelne Lebewesen. Fühlen Sie ihren Lebensrhythmus. Schauen Sie schließlich dem Gras beim Wachsen zu und lassen Sie Ihr Bewusstsein im selben Tempo mitschwingen.

721   Liebe zur Schöpfung „Herr, mögen wir deine ganze Schöpfung lieben, die ganze Erde und jedes Sandkorn auf ihr. Mögen wir jedes Blatt, jeden Strahl deines Lichts lieben. Denn wir erkennen vor dir an, dass alles wie ein Ozean ist, alles fließt und verschmilzt, und jedes Maß an Liebe, das wir einem Teil deines Universums vorenthalten, verbergen wir gleichermaßen auch vor dir." FJODOR DOSTOJEWSKI (1821–1881)

722   **Bäume treffen** „Ich stapfte oft acht oder zehn Meilen durch den tiefsten Schnee, um eine Verabredung mit einer Buche oder einer Gelbbirke oder einem alten Bekannten unter den Kiefern einzuhalten." HENRY DAVID THOREAU (1817–1862)

723   **Baumweisheit** Wählen Sie einen Baum, der Ihnen besonders zusagt. Setzen Sie sich neben ihn und werden Sie sein Freund. Stellen Sie ihm stille Fragen und warten Sie auf die Antworten: Achten Sie auf Worte und Bilder, die in Ihnen auftauchen.

     Wenn Ihrem Leben bestimmte Qualitäten fehlen, freunden Sie sich mit einem Baum an, der für diese Qualitäten steht. **Eiche (724)** steht für Stärke, **Esche (725)** für Frieden und Schutz, **Birke**

(726) für Heilung, **Zeder (727)** für Mut, **Zypresse (728)** für Trost und das Überwinden von Verlusten, **Holunder (729)** für das Annehmen von Veränderungen, **Ahorn (730)** für Langlebigkeit, **Birne (731)** für Klarheit sowie **Weide (732)** für die Bewältigung von Depressionen.

733 **Walgesang** Hören Sie eine Aufnahme von Walgesängen. Der Ruf der Wale bringt Sie in Einklang mit der Natur.

Lauschen Sie auch **Regenwaldklängen (734)**.

735 **Blumenmeditation** Betrachten Sie die gesamte Struktur der Blume. Suchen Sie nicht nach Bedeutung, sondern erfüllen Sie Ihren Geist nur mit den Formen, Linien und Farben der Blütenblätter. Das Bild zeigt sich Ihnen vor Ihren Augen und in Ihrem Inneren. Riecht die Blume gut, so schließen Sie die Augen und lassen Sie sich von ihrer duftenden Essenz erfrischen.

Korbblütler (736) wie Gerbera und Chrysanthemen verfügen über viele Blütenblätter in konzentrischen Mustern, die als natürliche Mandalas für die Meditation genutzt werden können.

737 **Perfekter Schatten** „An einem schönen Tag im Schatten zu sitzen und ins Grüne zu blicken, ist die beste Erfrischung." JANE AUSTEN (1775–1817)

738 **Ballonfahrt** Stellen Sie sich in einem Heißluftballon über einer Wildnis vor, etwa über der felsigen Wüste Arizonas oder den steilen Hängen der Pyrenäen. Beim Aufstieg entfaltet sich das Panorama. Visualisieren Sie diese Aussicht in allen Details. Bald sind Sie über den höchsten Gipfeln und überblicken ein atemberaubend schönes Gebiet. In der Ferne sehen Sie die Küste, vielleicht sogar die sanfte Krümmung der Erde. Wolken ziehen unter Ihnen vorbei. Sie spüren noch die Schwerkraft, befinden sich aber bereits am Rande des Weltraums. Beim Abstieg würdigen Sie das unermessliche Privileg, Teil dieses Naturschauplatzes unter Ihnen zu sein, der immer näher kommt und größer wird – ein riesiges Tablett voller Geschenke für Sie.

739 **Frieden der Natur** „Erklimme die Berge und empfange ihre guten Nachrichten. Der Frieden der Natur wird dich durchfluten, wie das Sonnenlicht die Bäume durchflutet. Die Winde werden ihre Frische in dich hineinwehen … während deine Sorgen von dir abfallen wie Blätter im Herbst." JOHN MUIR (1883–1914)

740 **Der Gipfel** In vielen Kulturen gelten Berge schon seit Langem als heilige Kraftorte. Ein Berggipfel ist der ideale Meditationsort, da man sich an der Spitze der Energie befindet und mit Erde und Himmel verbunden ist, was Ihnen ein Gefühl der Verwurzelung und Transzendenz ermöglicht.

741 **Lichtstrahlen** „Von ihrem prachtvollen Schrein aus richtet Amaterasu ihre schützenden Strahlen auf die Länder der vier Ecken, ihr strahlendes Licht bringt überall unter dem Himmel Frieden." INSCHRIFT AM ISE-SCHREIN IN JAPAN (ÜBER DIE SONNENGÖTTIN)

742 Sommermeditation Ein warmer Sommertag eignet sich gut für eine Sommermeditation. Sitzen Sie mit geschlossenen Augen draußen in der Sonne, auf einem Stuhl oder am Boden. Spüren Sie die Wärme, die Ihren Körper umhüllt. Stellen Sie sich vor, wie die Energie der Sonne über Ihren Solarplexus das gelbe *Manipura-Chakra* auflädt. Visualisieren Sie nun ein warmes Glühen, das von Ihrem Solarplexus ausgehend Ihren restlichen Körper mit Energie und Kraft erfüllt.

Diese Meditation kann Sie auch im Winter aufmuntern. Liegen Sie statt draußen in der Sonne in einem warmen Zimmer und

visualisieren Sie die Sonne (743), wie sie auf Sie herabstrahlt.

744   Tierqualitäten Meditieren Sie über Ihr Lieblingstier. Welche seiner Eigenschaften bewundern Sie am meisten – die Anmut der Katze, die bedingungslose Liebe des Hundes? Stellen Sie sich vor, wie es wäre, wenn

Sie diese Eigenschaften verkörpern würden. Durch Wiederholung dieser Visualisierung erlangen Sie selbst diese Qualitäten.

745 **Regen** Sitzen Sie an einem Regentag geschützt im Freien oder bei geöffnetem Fenster. Schließen Sie Ihre Augen und atmen Sie mehrmals tief durch, um sich zu erden. Während Sie präsenter werden, achten Sie auf die Geräusche der Natur – prasselnder Regen in Pfützen, raschelnde Blätter, Vogelgezwitscher, das entfernte Rauschen der Autos auf nassen Straßen. Lauschen Sie fünf Minuten lang diesen Geräuschen und entspannen Sie sich dabei.

746 **Schneefall** „Ein leichter Schneefall in der Nacht – der Morgen verjagt die Zweifel. Glaube zeigt sich auch im Winter."
Modernes Haiku aus Frankreich

747 **Spaziergang** Sind Ihre Gedanken träge und zerstreut, kann ein zehnminütiger Spaziergang in ruhiger Umgebung Ihren Kopf frei machen. Atmen Sie dabei bewusst tief – für einen gleichmäßigen Atemrhythmus atmen Sie jeweils zwei Schritte lang ein und aus.

Stellen Sie sich beim Ausatmen vor, wie sich die Wolken in Ihrem Kopf auflösen. Atmen Sie am Ende des Spaziergangs dreimal tief durch, um einen ganz klaren Kopf zu bekommen.

748 **Schwanenflug** In der Musik und im Ballett der westlichen Kultur ist der Schwan ein Symbol männlichen Lichts und weiblicher Schönheit. Meditieren Sie über den Flug des Schwans und seine kraftvolle Landung, mit den Füßen voran, auf einem See in der Dämmerung. Schöpfen Sie Kraft aus seiner Entschlossenheit, denn sie wird von einer ganz besonderen Schönheit umgeben.

749 **Endloser Himmel** Sitzen Sie, wenn möglich draußen an einem Ort, mit guter Sicht auf den Himmel. Betrachten Sie ihn mit entspannten Augen. (Blicken Sie nicht direkt in die Sonne.) Stellen Sie sich vor, wie alle Gedanken, Empfindungen, Gewohnheiten, Zweifel und Sorgen in diese Weite entschwinden. Wenn Gedanken oder Spannungen in Ihrem Körper auftauchen, sammeln Sie mit jedem Atemzug Raum um sie, bis sie schließlich in den endlosen Himmel aufsteigen können.

DAS NETZ DES LEBENS

750   **Wunder sehen** „Wunder gibt es, um uns zu lehren, das Wunderbare überall zu erkennen." Augustinus von Hippo (354–430)

751   **Ingestalt** Gerard Manley Hopkins, ein englischer Dichter des 19. Jahrhunderts, versuchte, die von ihm benannte „Ingestalt" zu enthüllen – das Muster individueller Merkmale des Wesens einer Sache oder eines Lebewesens. Achten Sie im Alltag auf die Ingestalt der Menschen und Dinge. Blicken Sie unter die Oberfläche, um die Einzigartigkeit zu erkennen. Würdigen Sie diese als Ausdruck der Seele.

752   **Mikrokosmos** „Die Natur hält der genauesten Betrachtung stand. Sie lädt uns ein, unser Auge an ihr kleinstes Blatt zu legen und es aus der Sicht eines Insekts zu sehen." Henry David Thoreau (1817–1862)

753   **Lebenskraft** Durch eine spezielle Art der Meditation können wir einen Blick auf die Aura erhaschen. Konzentrieren Sie sich auf eine Pflanze. Studieren Sie ihre Form. Schließen Sie nun Ihre

Augen und atmen Sie mehrmals tief durch. Mit wieder geöffneten Augen suchen Sie nach pulsierenden Energiemustern um die Pflanze herum. Passen Sie Ihren Fokus an und lassen Sie Ihrer Fantasie Spielraum. So können Sie eine Art des inneren Sehens entwickeln, mit der Sie die Lebenskraft in Lebewesen erkennen.

754   Geheimnis der Welt „Das wahre Geheimnis der Welt ist das Sichtbare, nicht das Unsichtbare." Oscar Wilde (1854–1900)

755   Schöpfungsfunken Bei den Schamanen gelten Sonne und Erde als Gott und Göttin der Schöpfung. In dieser Meditation verbinden Sie sich mit ihrer Liebe und Lebenskraft. Schließen Sie Ihre Augen und visualisieren Sie einen Liebesfunken, der aus der Erde in Ihr Herz fliegt, dann einen Liebesfunken, der aus der Sonne in Ihr Herz fliegt. Spüren Sie, wie sich die beiden Funken von Erde und Sonne vereinen und Ihnen Kraft und Mut geben.

756   Heilende Verbindungen Als bewusste Wesen stehen wir in ständiger Beziehung zu uns selbst, zu anderen, zur Natur und zum

Einen. Im Lauf des Lebens können diese Bindungen brüchig werden. Heilen Sie diese Beziehungen in Ihrer Meditation und verbinden Sie sich wieder mit der Lebenskraft. Schließen Sie Ihre Augen und respektieren Sie sich und alle, die Sie kennen, danken Sie der Natur und würdigen Sie den Einen.

757 **Ich im Universum** „Ich sehe meinen Körper in allem, was sich durch das Universum bewegt, und meine Seele in allem, was das Universum steuert." ZHANG ZAI (1020–1077)

758 **Weltseele** Meditieren Sie über das Renaissance-Konzept der Weltseele, *Anima mundi*. Spüren Sie seine poetische Schönheit und sehen Sie es als wertvollen Gegenpol zum Materialismus – auch wenn Sie nicht daran glauben. Wenn wir diese Weisheit annehmen, lernen wir unsere natürliche und soziale Welt zu respektieren; sonst erleben wir den „Verlust der Seele" oder Ennui.

759 **Gebet an Mutter Erde** „O Mutter Erde, du bist die irdische Quelle allen Seins. Deine Früchte sind die Grundlage des Lebens der Erdenvölker. Du wachst stets wie eine Mutter über deine Früchte. Mögen unsere Schritte, die wir im Leben auf dir machen, heilig sein und stark." GEBET DER OGLALA-SIOUX

760 **Mit allem verwandt** Meditieren Sie über Ihre Verbindung mit der Welt: was Sie hören, riechen und fühlen, auch die Luft, die durch Ihren Körper strömt. Erkennen Sie die starke Verbindung mit all Ihrem Erleben – die Welt in Ihnen und Sie in der Welt. Fühlen Sie sich mit der ganzen Schöpfung verwandt.

761 **Weltenbaum** Die Schamanen verwenden dieses Symbol, um das Netz des Lebens zu beschreiben. Es ist ein Baum mit Blättern, Blüten und Früchten, der jeden Lebensabschnitt darstellt. Die Äste und Wurzeln bilden einen endlosen Energiekreis. Meditieren Sie über den Weltenbaum, um sich zu erden.

762 **Heilige Erde** „Jeder Teil dieser Erde ist meinem Volk heilig. Jede glänzende

Kiefernnadel, jeder Strand, jeder Nebel im dunklen Wald, jede Lichtung und jedes summende Insekt ist in den Gedanken und Erfahrungen meines Volks heilig." HÄUPTLING SEATHL (19. JAHRHUNDERT)

763 **Mit der Natur** „Das Ziel des Lebens ist ein Leben im Einklang mit der Natur." ZENON VON KITION (CA. 335–CA. 263 V. CHR.)

764 **Das Netz** Auch wenn wir uns für unabhängig halten, sind wir durch ein Netz aus Wechselwirkungen untrennbar miteinander und mit unserer Umwelt verbunden. Visualisieren Sie sich in der Mitte des Netzes. Jeder Faden steht für eine Verbindung, die Sie im Leben eingehen. Betrachten und würdigen Sie die vielen, verschiedenen Verbindungen zur Welt – Beziehungen, Verpflichtungen usw. Sie bewohnen und akzeptieren dieses Netz. Sie freuen sich über Ihre Verbindungen und deren Einzigartigkeit.

765 **Tausend Fäden** „Wir können nicht nur für uns selbst leben. Tausend Faser verbinden uns mit unseren Mitmenschen; unter die-

sen mitfühlenden Fäden, verlaufen unsere Handlungen als
Ursachen und kommen als Wirkung zu uns zurück."
HERMAN MELVILLE (1819–1891)

766 Vom Samen zum Tisch Um den Zusammenhang von leben-
der Materie zu verstehen, meditieren Sie über einen Tisch.
Verfolgen Sie seine Geschichte in Gedanken zurück. Stellen Sie sich
vor, wie ein Tischler ihn aus Holz fertigt, dann den gefällten
Baum, den reifen Baum, den Keimling und den Samen. Kehren
Sie die Reihenfolge nun um – vom Samen bis zum Tisch. Danken
Sie dem Baum, der Ihnen nun als Tisch dient.

767 Ursache und Wirkung „Es gibt in der Natur kein Ergebnis
ohne Ursache; verstehe die Ursache und du brauchst
kein Experiment." LEONARDO DA VINCI (1452–1519)

768 Schmetterlingseffekt Man sagt, dass der
Flügelschlag eines Schmetterlings in Japan einen Sturm in
New York auslösen kann. Das heißt, dass alle Ereignisse

untrennbar miteinander verbunden sind – was östliche Mystiker schon lange glauben, unterstützen nun auch Erkenntnisse der Quantenphysik. Denken Sie an die Bedeutung der Energie, die Sie in die Welt aussenden: Alles, was Sie tun, hat umfassende Auswirkungen. Handeln Sie dementsprechend.

769 Grasengel „Über jeden Grashalm beugt sich ein Engel, der ihm zuflüstert: ‚Wachse, wachse.'" TALMUD (3.–6. JAHRHUNDERT)

770 **Struktur des Lebens** Meditieren Sie in einem Garten oder Park über den Beitrag jedes Lebewesens zum Gesamtgefüge des Lebens. Visualisieren Sie Bäume, die Sauerstoff spenden; Würmer, die das Erdreich für Pflanzen lockern; Gras und Beeren, die Tiere nähren. Fühlen Sie neuen Respekt für alle Lebewesen.

771 **Bindeglieder** „Regenwürmer sind scheinbar kleine Bindeglieder in der Kette der Natur, aber gingen sie verloren, würden sie große Lücken hinterlassen." GILBERT WHITE (1720–1793)

772 **Der Pillendreher** Dieser Käfer rollt Kugeln aus Dung in seinen Bau unter der Erde. Das Weibchen legt auf jede Kugel ein Ei, die geschlüpften Larven ernähren sich vom Dung und verwandeln Abfall in Leben. Meditieren Sie über den Pillendreher – ein unauffälliges Tier mit einer wichtigen Aufgabe.

773 **Geliehene Welt** „Die Welt haben wir nicht von unseren Eltern geerbt, sondern von unseren Kindern geliehen."
AFRIKANISCHES SPRICHWORT

774 **Die Natur als Gefährte** „Ich bin nicht einsamer als der Mühlbach oder ein Wetterhahn, als der Polarstern oder Südwind, als ein Aprilregen oder Tauwetter im Januar oder als die erste Spinne im neuen Haus." HENRY DAVID THOREAU (1817–1862)

775 **Heilung** Schließen Sie die Augen und visualisieren Sie die Erde – die Wunden durch Krieg, Hunger, Abholzung, Urbanisierung, Umweltverschmutzung. Stellen Sie sich die Erde in reinem, weißen Licht vor, das die Herzen der Menschen in reine, tugendhafte Energie verwandelt. Sehen Sie die Wunden langsam heilen.

776 **Licht und Luft** „Für mich existiert eine Landschaft nicht an sich, da sich ihre Erscheinung in jedem Moment verändert; ihre Umgebung erweckt sie zum Leben – das Licht und die Luft, die sich ständig verändern." CLAUDE MONET (1840–1926)

777 **Die Erde lieben** Astronauten berichten von der starken Liebe, die sie dabei verspürten, als sie vom Weltall aus die Erde sahen. Stellen Sie sich in einer Raumkapsel vor. Sie blicken auf die Erde mit ihren Meeren und Kontinenten. Sie wirkt zerbrechlich, doch die Liebe aller, die für sie sorgen, umhüllt sie. Sie versprechen nach ihrer Rückkehr, von Ihrer Liebe zu berichten und andere mit ihr anzustecken.

LIEBESDIENSTE

778 **Ein Tropfen im Ozean** „Es kommt uns vor, als wäre das, was wir tun, nur ein Tropfen im Ozean. Doch wenn dieser Tropfen nicht im Ozean wäre, würde dem Ozean dieser Tropfen fehlen." Mutter Teresa (1910–1997)

779 **Gebet für die Arbeit** Bevor Sie an Ihre Arbeit gehen, sprechen Sie ein kurzes Gebet dafür. Würdigen Sie den Wert Ihrer Aufgaben und danken Sie für die Gelegenheit, der Welt etwas Wichtiges zu geben. Bitten Sie um die Fähigkeiten und Eigenschaften, mit denen Sie Ihre Aufgabe bestmöglich erfüllen können. Nehmen Sie sich vor, Ihre Dienste in Liebe auszuführen.

780 **Leichte Bürde** „Niemand ist nutzlos in dieser Welt, der einem anderen die Bürde leichter macht." Charles Dickens (1812–1870)

781 **Neues Feuer** „Ich bete um den Geist, mein Herz zu beleben, es für das Dienen zu entfachen. Ich hoffe, dass mein Wunsch, eine Flamme der Liebe zu sein, andere müde Seelen wieder lebendig macht und mit Liebe entflammt." Moderne Affirmation

782 **Hoffnung der Welt** „Eine Vision ohne Aufgabe ist nur ein Traum. Eine Aufgabe ohne Vision ist eine Strapaze. Eine Vision mit einer Aufgabe ist die Hoffnung der Welt." AUS EINER KIRCHE IN SUSSEX, ENGLAND (1730)

783 **Tag der Liebe** Blicken Sie in Ihrer Morgenmeditation auf den kommenden Tag. Sehen Sie sich in jeder Situation Liebe statt Angst wählen. Rekapitulieren Sie am Abend den Tag. Würdigen Sie die Momente der Liebe und vergeben Sie sich Ihre Ängste.

784 **In Liebe handeln** „Für den, der in Liebe handelt, bringen die Tage den meisten Gewinn." JAINISTISCHES SPRICHWORT

785 **Form und Funktion** Meditieren Sie über einen Gebrauchsgegenstand. Betrachten Sie ihn und würdigen Sie dabei seine zweckmäßige Form. Denken Sie dann über sich selbst nach, über Ihre einzigartigen Qualitäten und Talente. Für welche Aufgaben sind Sie am besten geeignet? In diesen Bereichen werden Sie Ihre Liebe am besten ausdrücken können.

786 **Das perfekte Gefäß** Stellen Sie sich als Töpfer vor. Geschickt verwandeln Sie einen Klumpen Ton auf der Töpferscheibe liebevoll in ein schönes Gefäß. Sie sind stolz auf Ihre Arbeit, wissen aber, dass Sie das nur mit der Gabe der Erde schaffen konnten.

787 **Achtsame Arbeit** In vielen Klöstern gelten einfache Hausarbeiten als Dienst an Gott und als wichtiger Teil der religiösen Ausbildung. Auch Ihre Hausarbeit kann mit Achtsamkeit vollbracht zur Meditation werden. Indem Sie Ihrer Aufgabe die volle Aufmerksamkeit schenken, erweisen Sie der Person, für die Sie die Arbeit machen, Ihren Respekt.

788 **Im Herzen** In der hinduistischen Lehre zeigt der Affenkönig Hanuman große Hingabe für Rama, eine Inkarnation des Gottes

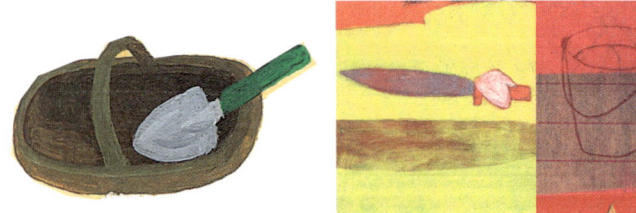

Vishnu. Als Beweis seiner Loyalität öffnet Hanuman seine Brust, und zeigt dass Rama und seine Frau Sita in seinem Herzen thronen. Erforschen Sie in der Meditation Ihr Herz und wer darin thront. Widmen Sie Ihr Herz der positiven Kraft der Liebe.

Hanuman lebt seine Verehrung aus, indem er Sita vor ihren Entführern rettet. Überlegen Sie, wie auch Sie **Ihre Liebe in die Tat umsetzen (789)** können.

790 **Die Seele erweichen** „Gewöhne dich an regelmäßige Taten aus Liebe, denn sie entflammen und erweichen deine Seele." Teresa von Ávila (1515–1582)

791 **Fluss des Lebens** Auf dem Weg aus den Bergen ins Meer reinigt und nährt der Fluss. Visualisieren Sie in Ihrer Morgenmeditation den anstehenden Tag als eine solche Reise. Sehen Sie wie die Menschen, denen Sie begegnen, von Ihrer Gegenwart, Ihren Worten und Taten berührt und genährt werden.

Kehren Sie in der Abendmeditation demütig in die Berge zurück und **seien Sie dankbar (792)**, anderen dienen zu können.

DIE GLOBALE FAMILIE

793   Bäume pflanzen „Eine Generation pflanzt Bäume, die nächste profitiert vom Schatten." CHINESISCHES SPRICHWORT

794   Bauplan des Lebens DNS (Desoxyribonukleinsäure) ist ein komplexes Molekül, das die genetischen Informationen enthält, die zum Aufbau, Steuern und Erhalten eines Lebewesens notwendig sind. Man findet diesen Bauplan des Lebens in allen lebenden Zellen. DNS hat die Form einer Doppelhelix – wie eine verdrehte Leiter. Stellen Sie sich vor, Sie stehen vor Ihrer DNS-Leiter und beginnen, sie hochzusteigen. Spüren Sie auf der ersten Sprosse Ihre Verbindung zu Ihren Eltern, die ihre DNS mit Ihnen teilten. Spüren Sie auf der nächsten Sprosse die Verbindung zu Ihren Großeltern und auf der nächsten zu Ihren Urgroßeltern. Verfolgen Sie Ihre Wurzeln durch Ihre Ahnenreihe bis zu den ersten Menschen. Spüren Sie die Kontinuität durch die Zeit und Ihre Verbindung zu allen Menschen auf der Erde.

795   Geheime Geschichte „Könnten wir die geheime Geschichte unserer Feinde lesen, würden wir im Leben jedes einzelnen genug

Schmerz und Leid finden, um jede Feindseligkeit zu entwaffnen."
HENRY WADSWORTH LONGFELLOW (1807–1882)

796 **Flickenteppich** Wir sind wie die Teile eines Flickenteppichs:
zusammengehalten durch die gemeinsamen Fäden unserer
Menschlichkeit; die einzigartige Farbe jedes Menschen fügt dem
Ganzen einen bunten, charakteristischen Aspekt hinzu.

797 **Brot und Wasser** „Unser Brot und Wasser kommen vom selben Tisch: Die Nachfahren Adams sind wie eine einzige Seele."
MUHAMMAD IQBAL (1877–1938)

798 **Granatapfel** Jeder hat eine einzigartige Sicht auf das Leben, die
nicht immer zu unserer Sicht passt. Stellen Sie sich diese
Sichtweisen als Samen in einem Granatapfel vor – viele kleine
Teile, die zusammen ein einheitliches Ganzes bilden.

799 **Vollständigkeit** „Die Seele jedes Einzelnen wird entsandt, um
das Universum vollständig zu machen." PLOTIN (205–270)

800 Samen der Einheit Auch wenn die Welt voller Zwietracht ist, werden Samen des Friedens verstreut und schlagen an unerwarteten Orten Wurzeln. Sogar in den Trümmern des Krieges wachsen sie. Sie wachsen dort, wo es reine Herzen gibt. Wer sie sieht, weiß, dass die Welt ein Garten und keine Wildnis ist.

801 Löwen und Spinnen „Wenn sich Spinnen zusammentun, können sie einen Löwen einfangen." ÄTHIOPISCHES SPRICHWORT

802 Halle des Friedens „Wirft jemand einen Stein, dann nur, um das neue Fundament zu markieren – eine große Halle des Friedens, in der wir alle dem barmherzigen Gott danken." MODERNES GEBET AUS SRI LANKA

803 Die Leidenschaftlichen Leidenschaft ist überall, wie jene zwischen jungen Verliebten. Aber Sie kennen auch die wahre Leidenschaft – die große Tiefe und Wärme eines liebevollen Gefühls, das alle guten Menschen einander schenken, auch Fremden. Sie spüren, wie diese Leidenschaft Ihr Herz erwärmt und

wissen, dass viele der jungen Liebenden sie mit der Zeit auch erfahren werden. Sie gehören der Gemeinschaft der leidenschaftlichen Welt an. Freuen Sie sich über die Mitgliedschaft.

804 **Gemeinsam singen** „Je mehr man Unterschied der Stimmen vor kann bringen, je wunderbarlicher pflegt auch das Lied zu klingen." Angelus Silesius (1624–1677)

805 **Innere Schönheit** In jedem von uns steckt ein göttlicher Funke. Durch Meditation können wir diese geistige Energie in allen um uns erkennen. Schließen Sie die Augen und denken Sie an jemanden, den Sie kennen und lieben. Sinnieren Sie in der Meditation über die geistigen Qualitäten, die Sie in dieser Person sehen.

Meditieren Sie nun über **ungeliebte Personen (806)**, um die Beziehung zu verbessern.

Blicken Sie bei **Fremden (807)** hinter die Fassade auf Ihre innere geistige Schönheit.

808   **Eine Familie** Durch Meditation können wir helfen, die falschen Einteilungen nach Rasse, Religion und Nationalität aufzulösen, die der Welt schaden. Schließen Sie Ihre Augen und visualisieren Sie sich in einem Luftschiff über der Erde. Blicken Sie in alle vier Himmelsrichtungen. Spüren Sie das geistige Licht aus allen Menschen auf der Welt strahlen. Erkennen Sie die innewohnende Güte jeder Seele und den eigenen Weg, den jeder gehen muss. Sehen Sie die Menschen als eine Seelenfamilie.

809   **Die Welt hüten** „Wie eine Mutter ihr einziges Kind mit ihrem Leben beschützen würde, so lasst uns mit endlosem Geist und Wohlwollen die Welt erfassen." BUDDHA (CA. 563–CA. 460 V. CHR.)

810   **Liebe für Fremde** Wählen Sie in einem Atlas einen Ort zufällig aus dem Register. Suchen sie ihn auf einem Globus oder einer Weltkarte. Stellen Sie sich vor, Sie sind ein Weltraumteleskop. Zoomen Sie an Ihren Ort heran. Stellen Sie ihn sich im Geiste vor. Wenn Menschen dort sind, wie sehen sie aus? Visualisieren Sie diese Menschen. Schicken Sie ihnen liebevolle Gedanken.

811 Freundlichkeit Mit Freundlichkeit können wir die Welt um uns herum verbessern. Freundliche Worte und Taten belohnen sich selbst. Sie sind helle Leuchtfeuer für alle – auch, wenn die Freundlichkeit vertraulich und unbeobachtet blieb.

812 Helfen „Es gehört zu den schönsten Belohnungen des Lebens, dass man keinem anderen zu helfen versuchen kann, ohne auch sich selbst zu helfen." RALPH WALDO EMERSON (1803–1882)

813 Leid lindern „Ich mache alles, was ich kann, um das Leid in der Welt zu lindern und denke auch daran, für mich selbst zu sorgen, damit ich anderen helfen kann." MODERNE AFFIRMATION

814 Schmerz verwandeln Die buddhistische Praktik *Tonglen* – wörtlich: Geben und Nehmen – lässt uns das Leid in der Welt heilen und in positive, liebevolle Gedanken umwandeln. Sitzen Sie in Stille und denken Sie an eine leidende Person. Spüren Sie beim Einatmen das Leid schwer in Ihrem Körper. Beim Ausatmen verlässt es Ihren Körper als leichte, klare, frische Luft.

815 **Königreich des Geistes** „Zuerst muss Ordnung und Harmonie in deinem eigenen Geist herrschen, dann kann sich diese Ordnung auf deine Familie ausbreiten, auf die Gemeinschaft und schließlich auf dein gesamtes Königreich. Erst dann hast du Frieden und Harmonie." KONFUZIUS (551–479 V. CHR.)

816 **Leid spüren** Diese Meditation öffnet Ihr Herz für alle Leidenden. Verlangsamen Sie Ihre Atmung. Lenken Sie Ihre Aufmerksamkeit auf Ihr Herz. Visualisieren Sie, wie Sie allen Leidenden der Welt Ihre Hände reichen – Menschen, die von Krankheit, Krieg, Verlust, Gewalt oder körperlichen und seelischen Schmerzen geplagt sind. Widmen Sie sich erst Familie und Freunden, dann Bekannten und Unbekannten. Atmen Sie tief und spüren Sie sich und das Leid der Welt in Ihrem Herzen.

817 **Gemeinsame Stärke** „Zwei Schwächen, die sich aneinander lehnen, ergeben eine Stärke. Darum wird die eine Hälfte der Welt, die sich an die andere lehnt, stark." LEONARDO DA VINCI (1452–1519)

818 **Globaler Traum** Schließen Sie Ihre Augen und stellen Sie sich eine Welt ohne Schmerz, Angst und Leid vor. Sehen Sie, wie die Machtlosen Macht erhalten und alle Menschen Freunde werden. Denken Sie intensiv an diese Vision. Indem Sie in ihr festhalten, bringen Sie sie ein Stück näher zur Realität.

819 **Der Klang des Friedens** „Wenn ich Liebe in die Welt schicke, spiele ich den Akkord des Friedens – der universelle Klang des Herzens." MODERNE AFFIRMATION

820 **Lichtkreis** Bilden Sie als Gruppe einen Kreis und halten Sie sich an den Händen. Visualisieren Sie gemeinsam eine Lichtsäule in diesem Kreis. Nennen Sie abwechselnd Menschen, die Heilung brauchen. Visualisieren Sie, wie die Menschen ins Licht treten, um von Ihrer kollektiven, liebevollen Energie geheilt zu werden.

821 **Welt des Friedens** „Ich gestalte eine Welt des Friedens, der Fürsorge und des Wohlwollens mit. Was auch geschieht, ich lasse Liebe durch mich fließen." MODERNE AFFIRMATION

822 **Friedenstaube** Visualisieren Sie die Erde als kleine, blau-grüne Kugel in einem riesigen Universum. Aus der Dunkelheit erscheint eine weiße Taube. Mit ausgebreiteten Flügeln umfasst sie die Erde in einer zärtlichen Umarmung. Sie ist ein Bote Gottes und bringt den Menschen die Vision des Friedens.

823 **Ernte** „Wir wollen den Frieden ernten. Wir wollen den steinigen Boden bis zur Erschöpfung pflügen." MODERNE AFFIRMATION

Im Wandel
der Zeit

VERÄNDERUNGEN

824 Dem Tao folgen *Tao* heißt im Chinesischen „Weg" oder „Pfad". Die östliche Philosophie des Taoismus basiert auf der Idee, dass das Leben ein ständiger Fluss von einer Form zur nächsten ist. Wenn wir uns ihm widersetzen oder ihn steuern wollen, entstehen Probleme. Harmonie erzielt man, wenn man dem *Tao* folgt und das sich immer wieder ändernde Muster des Lebens ohne Urteil oder Widerstand akzeptiert.

825 Neuer Fluss „Man kann nicht zweimal in denselben Fluss steigen, denn es fließt immer anderes Wasser hinein." HERAKLIT (CA. 540–CA. 480 V. CHR.)

826 Schilfrohr Taoismus, wie er im *Daodejing* gelehrt wird, rät zu flexibler Stärke. Akzeptieren Sie den Fluss des Universums. Beugen Sie sich der Natur, wie ein Schilfrohr. Handeln Sie nach dem Prinzip *Wu-wei*, dem Nicht-Handeln gegen die Natur.

827 Annehmen „Ich füge mich dem Kreislauf von Ursache und Wirkung. Ich freue mich über das, was ist." MODERNE AFFIRMATION

828 **Etwas Neues** „Alles muss sich in etwas Neues, etwas Fremdes
verwandeln." HENRY WADSWORTH LONGFELLOW (1807–1882)

829 **Lebensfluss** Wie alle Lebewesen den Naturgesetzen folgen,
folgt auch unser Leben dem natürlichen Muster der Schöpfung.
Wenn Sie in einer Situation Ihre Wünsche nicht erfüllen können,
schwimmen Sie vielleicht gegen den Strom. Lassen Sie los und
vertrauen Sie auf den natürlichen Fluss der Ereignisse. Was
Ihnen gehört, wird beizeiten zu Ihnen gelangen.

830 **Kampflos aufgeben** Veränderungen zeigen sich am ehes-
ten, wenn wir nicht dagegen ankämpfen, wer wir sind – denn es
ist das Einzige, was wir nicht ändern können.

831 **Im Fluss** „Jeden Tag schwimme ich im Fluss meines Lebens.
Mal sause ich über Stromschnellen und erweitere meine Fähigkeiten und mein Selbstgefühl; mal schwimme ich ruhig in Ufer-
nähe, beobachte den Fluss und lerne von ihm; mal treibe ich in
stiller Tiefe, in der ich mich neu erfinde." MODERNE AFFIRMATION

832 **Kommen und gehen** „Es gibt kein wirkliches Kommen und Gehen, denn ist das Gehen nicht auch gleichzeitig Kommen?" SA'DI VON SHIRAZ (CA. 1213–1291)

833 **Die stille Mitte** Wenn Sie in der Mitte eines Raums stehen, ein Blatt Papier mit einem ausgeschnittenen Quadrat vor sich halten und sich langsam drehen, sehen Sie den Raum wie in einem Film durch das Quadrat wandern. Erkennen Sie sich in der Meditation als einen stillen Punkt in einer Welt voller Beweg-ung. So finden Sie auch Ruhe, wenn es um Sie herum tobt.

834 **Der Phönix** „Mein falsches Selbst bröckelt, verbrannt vom Licht meines Bewusstseins. Wie ein Phönix erschaffe ich mich neu." MODERNE AFFIRMATION

835 **Weiterkommen** „Wenn du das Ende des Weges erreicht hast, ändere dich. So kommst du weiter." I GING (12. JAHRHUNDERT V. CHR.)

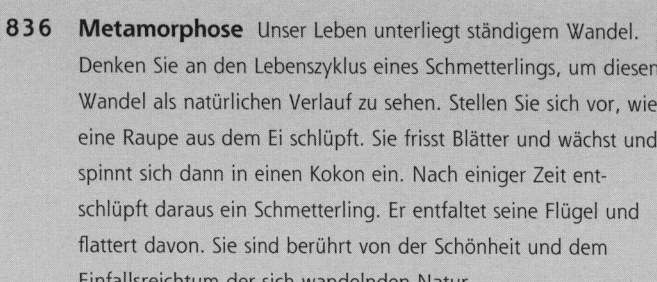

836   **Metamorphose**   Unser Leben unterliegt ständigem Wandel. Denken Sie an den Lebenszyklus eines Schmetterlings, um diesen Wandel als natürlichen Verlauf zu sehen. Stellen Sie sich vor, wie eine Raupe aus dem Ei schlüpft. Sie frisst Blätter und wächst und spinnt sich dann in einen Kokon ein. Nach einiger Zeit entschlüpft daraus ein Schmetterling. Er entfaltet seine Flügel und flattert davon. Sie sind berührt von der Schönheit und dem Einfallsreichtum der sich wandelnden Natur.

837   **Jahreszeiten**   Denken Sie an Ihr Zuhause und die umliegende Landschaft oder Stadt. Achten Sie auf das Wetter und ob die Bäume Laub tragen. Sehen Sie Menschen? Was tun sie? Spulen Sie die Zeit vor und beobachten Sie die Veränderungen im Lauf der Jahreszeiten. Erkennen Sie dabei den Zyklus der Natur und ergeben Sie sich dem Fluss des Lebens.

838   **Rund um die Welt**   Die runde Form der Erde hat eine bedeutende Folge – was man für ein Ende hält, ist gleichzeitig immer auch ein Anfang.

839 **Hilfe von Hermes** Manchmal machen wir Phasen tiefgreifender Veränderung durch – etwa bei einem Umzug oder wenn wir eine Beziehung beenden. In diesen Zeiten fühlen wir uns oft verletzlich und verloren und wissen nicht, wie es weitergehen soll. Bitten Sie in der Meditation den griechischen Gott Hermes um Hilfe, der für Veränderung steht. Rufen Sie ihn im Geiste herbei und bitten Sie ihn, Sie durch die Veränderungen zu führen. Achten Sie später auf Zufälle und Überraschungen, die darauf hindeuten, dass er Ihnen den Weg weist.

840 **Die Zukunft** In gewissem Maß beeinflussen unsere Erwartungen die Zukunft. Um eine erfüllende Zukunft zu fördern, stellen Sie sich vor, Sie blicken durch ein offenes Tor auf eine schöne

Landschaft. Sie sehen Symbole für alles, was Sie zu erfahren hoffen – vielleicht Friedenstauben oder ein Schwanenpaar, das wahre Liebe verkörpert. Schreiten Sie nun durch das Tor in die vielversprechende Zukunft, die Sie verdienen.

841 **Neuland** Unsere Bereitschaft für Wachstum und Veränderung wird oft von unserer Angst vor dem Neuen behindert. Stellen Sie sich vor, Sie fliegen als Vogel hoch über der Erde. Unter Ihnen liegen ein Tal, Hügel und Berge in der Ferne. Lassen Sie beim Anblick dieses unbekannten Gebiets Ihre Angst los und spüren Sie die freudige Erwartung auf kommende Abenteuer.

842 **Schritt voran** „Ich schreite mit Glaube und Mut in die Zukunft und vertraue auf die Fähigkeit, mich allen Herausforderungen auf meinem Weg stellen zu können." MODERNE AFFIRMATION

843 **Der Unsichtbare** „Der Eine ist für Menschenaugen unsichtbar, jenseits von Denken und Wandel. Wisset, dass er existiert und sorgt euch nicht." BHAGAVAD GITA (1. ODER 2. JAHRHUNDERT)

844 **Sonnenuntergang** Eine Meditation über den Sonnenuntergang hilft uns, mit dem Verlustgefühl umzugehen. Betrachten Sie an einem klaren Abend draußen den Sonnenuntergang. Geben Sie sich den letzten Momenten des Tages hin, während die Sonne untergeht. Lassen Sie im Angesicht der warmen Töne des Himmels den Trennungsschmerz in Ihrem Herzen zu. Schöpfen Sie aus der untergehenden Sonne Kraft, um den Abschied zu ertragen. Jeder Nacht folgt ein neuer Tag.

Sie können auch **den Sonnenuntergang visualisieren (845)**.

846 **Erneuerung** „Alle Veränderungen, selbst die wir am meisten ersehnen, haben ihre Melancholie; denn wir lassen immer einen Teil von uns selbst zurück. Wir müssen in einem Leben sterben, bevor wir ein anderes beginnen können."
ANATOLE FRANCE (1844–1924)

847 **Wandel** „Alles wandelt sich, nichts vergeht." OVID (43 V. CHR.–17 N. CHR.)

EWIGKEIT

848 **Endloser Knoten** Dieses keltische Symbol für die Ewigkeit besteht aus einer verschlungenen Linie ohne Anfang. Wenn wir darüber meditieren, erhaschen wir einen Blick auf die Endlosigkeit der Zeit und die Unsterblichkeit der Seele. Konzentrieren Sie sich auf das Bild. Öffnen Sie Ihr Bewusstsein diesen Prinzipien.

849 Am Abgrund „Auf einer gewöhnlichen Klippe stehe ich mit größter Vorsicht. Wie viel vorsichtiger wäre ich dann vor einem Abgrund von tausenden Meilen über den großen Weiten der Zeit?" SHANTIDEVA (7. JAHRHUNDERT)

850 Die Zeit als Koch „Die Zeit kocht in sich alle Wesen. Niemand weiß jedoch, worin die Zeit gekocht wird." MAHABHARATA (CA. 400 V. CHR.)

851 **Ewige Gegenwart** Alles, was Sie jemals brauchen werden, finden Sie im Hier und Jetzt der immerwährenden Gegenwart.

852 **Die schmale Pforte** Jede Sekunde der Zeit ist die schmale Pforte, durch die die Erleuchtung eintreten kann.

853 **Die Sanduhr** Sie ist ein Symbol für das Fließen der Zeit. Sehen Sie den Sand vom oberen Kolben in den unteren rieseln und meditieren Sie über die Flüchtigkeit des Moments. Mithilfe der Zeit verhindert die Natur, dass alles gleichzeitig geschieht. Das Annehmen des flüchtigen Moments führt zur Ganzheit.

854 **Die Uhr** Erfüllen Sie Ihr Bewusstsein mit dem Bild einer Uhr. Achten Sie erst auf das Ticken des Sekundenzeigers, dann auf die Zeiträume zwischen den Geräuschen – ein zeitloser Bereich ohne Vergangenheit und ohne Zukunft: nur Gegenwart.

Machen Sie dasselbe mit Ihren **Gedanken (855)**. Achten Sie erst auf den Fluss, dann auf die Zwischenräume der Gedanken.

856 **Fluss der Zeit** „Auf dem Weg zur Erleuchtung muss man den Fluss der Zeit überqueren. Alle Materie vergeht, doch die Erleuchtung bleibt ewig bestehen." *DHAMMAPADA, TEIL DES PALI-KANONS (CA. 500 V. CHR.–0)*

857 **Kontrolle** Diese Übung beruhigt Sie, wenn Sie unter Zeitdruck stehen. Sagen Sie „Stopp" und unterbrechen Sie Ihre Tätigkeit. Atmen Sie tief und langsam. Stellen Sie sich beim Ausatmen vor, wie sich die Zeit ausdehnt. Wiederholen Sie das zweimal und atmen Sie jedes Mal etwas länger aus. Arbeiten Sie nun konzentrierter weiter.

858 **Ein Stück Zeit** „Ein Stück Zeit ist ein Stück Gold wert. Aber mit einem Stück Gold kann man kein Stück Zeit kaufen." *CHINESISCHES SPRICHWORT*

859   **Jenseits der Zeit**   In dieser Meditation werfen Sie einen Blick auf den zeitlosen Raum. Beobachten Sie den Gedankenstrom in Ihrem Bewusstsein. Achten Sie auf die Räume zwischen den Gedanken, bis diese größer werden. Nehmen Sie nun abwechselnd die Gedanken und die Räume wahr. Spüren Sie dabei, wie sich Ihre Gedanken verlangsamen. Üben Sie dies jeden Tag fünf Minuten lang. Mit der Zeit erfahren Sie gelegentlich Momente absoluter Stille, jenseits der Zeit.

ÄLTER WERDEN

860 Ein schönes Leben Wenn wir älter werden, macht es uns vielleicht traurig, die Jugend schwinden und die ersten Zeichen des Alters zu sehen. Um sich damit abzufinden, denken Sie an den Zyklus der Sonne als Metapher für das Leben.

Erkennen Sie dabei, dass die Schönheit des Lebens in seiner Entfaltung liegt. Von der Geburt bis zum Tod folgen wir dem schönen Weg des Geistes – eine Entwicklung von unschuldiger Freude zu reifem Mut und ohne Reue.

861 Spuren der Zeit Meditieren Sie über ein Stück Treibholz. Sehen Sie die schöne Verwitterung der Zeit an ihm und stellen Sie sich seine Geschichte vor. Betrachten Sie nun die Spuren der Zeit an Ihnen selbst. Erinnern Sie sich an die Geschichten dahinter und an die Weisheit, die Sie auf Ihrem Weg gesammelt haben.

862 **Zuhören** „Die Zeit gibt guten Rat." Maltesisches Sprichwort

863 **Turm der Weisheit** Ziehen Sie Kraft und Würde aus Ihrer Weisheit. Mit den Jahren lösen die Weisheit und die Sicht der Erfahrung die Unschuld und

Energie der Jugend ab. Stellen Sie sich in einem Turm voller Bücher vor, in denen all die Weisheit liegt, die Sie mit der Zeit erlangt haben. Wie heißen die Bücher? Welche Bilder enthalten sie? Schöpfen Sie Tiefe und Kraft aus dem Turm der Weisheit.

864 **Das Leben zählt** „Am Ende sind es nicht die Jahre in deinem Leben, die zählen. Es ist das Leben in deinen Jahren." Abraham Lincoln (1809–1865)

865 **Einbahnstraße** Frieden ist die Einbahnstraße der Zeit, ohne Reue und ohne Hindernis.

866 Geweih abwerfen Im Oktober werfen Hirsche ihr Geweih ab und ein neues wächst nach. Mitte Februar ist es fertig, rechtzeitig vor der Brunft im April, wenn die Hirsche um die Hirschkühe kämpfen. Im Lauf des Lebens werfen auch wir Aspekte unserer selbst ab. Wie der Hirsch fühlen wir uns während dieser Veränderung vielleicht unserer Kräfte beraubt. Mit Geduld entstehen in dieser verletzlichen Zeit neue Stärken – ein neues Geweih – sowie neue Identitäten.

867 Die Leiter hoch Hin und wieder ist es wichtig, über unsere Reise nachzudenken und jeden Schritt, jede Sprosse auf der Leiter zu feiern. Selbst (oder besonders) in Zeiten unseres Lebens, die wir lieber vergessen würden, entdecken wir Gold im Schlamm – wertvolle Lektionen, die uns in der Gegenwart von Nutzen sein können.

868   Zweite Kindheit „Mit sanfter Hand lasse ich die Reue los. Zustimmend erkenne ich das Gelernte an. Mit Dankbarkeit bedenke ich meine reichen Erfahrungen. Mit edlem Herzen teile ich die Schätze meiner Weisheit. So betrete ich das letzte Kapitel meines Lebens, als wäre es mein erstes. Meine Sanftmut, Hingabe, Dankbarkeit und Großzügigkeit haben mir meine Kindheit zurückgegeben." Moderne Affirmation

869   Brücke „Die Welt ist eine Brücke. Geh über sie. Bau nicht dein Hau darauf." Inschrift auf der grossen Moschee in Fatehpur Sikri, Indien (17. Jahrhundert)

870   Erhabenheit des Alters Wenn Ihre jugendliche Kraft nachlässt und Ihr Körper „verlebt" auszusehen beginnt, meditieren Sie über Ihr wahres Ich, Ihr wesentliches Bewusstsein. In Ihren Gedanken ist kein Platz für Befangenheit. Sie sind alt genug, um zu wissen, was wirklich wichtig ist.

DEN TOD VOR AUGEN

871 Morgenstern „Das Licht, das unsere Augen erlöschen lässt, ist Dunkelheit für uns. Nur der Tag bricht an, für den wir wach sind. Noch mancher Tag harrt des Anbruchs. Die Sonne ist nur ein Morgenstern." HENRY DAVID THOREAU (1817–1862)

872 Ein neuer Weg Die Dichterin Emily Dickinson beschrieb das Sterben als „eine wilde Nacht und ein neuer Weg". Glaubten wir an das ewige Leben, würden wir uns in unserem Leben gefangen fühlen. Das Ende ist die endgültige Entspannung. Stellen Sie sich vor, wie Sie in Ihren letzten Momenten loslassen, mit einem Dankgebet für das Leben, das Ihnen zuteil wurde.

873 Geistige Wesen „Der Schlüssel zu einem erfüllten Leben ohne Angst vor dem Tod ist es, anzuerkennen, dass wir geistige Wesen mit einer körperlichen Erfahrung sind und keine körperlichen Wesen mit einer geistigen Erfahrung." WEISES SPRICHWORT

874 Die Wäscherin Bei den Kelten steht der Tod mit Halloween in Verbindung – wenn die Große Mutter ihre Kinder nach Hause

ruft. Eine Darstellungen der Großen Mutter zeigt eine Wäscherin am Fluss. Stellen Sie sich vor, Sie stehen vor der Wäscherin. Sie fragen sie, wessen Wäsche sie wasche, und sie sagt, dass es Ihre sei. Ängstlich fragen Sie, ob Sie sterben müssen. Sie antwortet lächelnd, dass sie mit der Wäsche noch nicht fertig sei, aber dass sie Sie zur rechten Zeit über das Wasser ins Paradies führen werde. Sie sind beruhigt, da Sie die Wäscherin begleiten wird.

875   **Preis des Lebens** „Du stirbst nicht, weil du krank bist, sondern weil du am Leben warst." SENECA (CA. 4 V. CHR.–65 N. CHR.)

876   **Unsterblich** In vielen spirituellen Traditionen glaubt man, dass unser Wesen aus reinem Geist besteht und unsterblich ist. Die Meditation ist eine Möglichkeit, diese Idee zu vertiefen. Schließen Sie Ihre Augen und lenken Sie Ihre Aufmerksamkeit auf das bewusste Wesen, das Ihren Körper beseelt. Im Reinen mit sich selbst fühlen Sie Ihre Unsterblichkeit. Stellen Sie sich Ihre Seele als Passagier Ihres Körpers vor und den Tod als Übergangsritus, als Moment des Wandels.

877 **Seelenvogel** „Die Seele sieht entrüstet/ Den Staub an,/ der sie so lang gebunden,/ Wie ein Vogel, um sein Lied gebracht." EMILY DICKINSON (1830–1886)

878 **Wieder vereint** „Welch Segen! Endlich am Ufer des Todes: der Ort, wo Flüsse ins Meer münden und Seelen sich wieder mit der Quelle vereinen." MODERNE AFFIRMATION

879 **Unsichtbare** „Vor der Geburt und nach dem Tod sind alle Wesen unsichtbar. Sie sind Sichtbare zwischen zwei Unsichtbaren. Warum sollte diese Wahrheit Kummer bereiten?" BHAGAVAD GITA (1. ODER 2. JAHRHUNDERT)

880 **Heimkehr** „Wenn es soweit ist, weiß ich, dass der Tod eine Heimkehr ist, und nicht eine Verletzung meiner Seele. Der Tod ist nicht der Schatten, sondern das Licht hinter dem Schatten. Meine Seele wird allmählich an ihren friedvollen Ruheort zurückkehren." MODERNE MEDITATION AUS ORKNEY, SCHOTTLAND

Was wirklich zählt

WAHRHEIT

881 **Das Selbst kennen** „Die Wahrheit entspricht der Wirklichkeit. Für die Menschen ist die Wahrheit die unerschütterliche Kenntnis ihres wahren Wesens, dem Selbst." PARAMAHANSA YOGANANDA (1893–1952)

882 **Wahres Selbst** Der indische Weise Ramana Maharshi sagte oft, dass Kinder ein natürliches Gefühl des „Ich bin" haben. Um Ihr wahres Selbst zu erkennen, sitzen Sie still und fragen Sie sich: „Wer bin ich?" Beim Nachdenken darüber spüren Sie, wie das „Ich bin" in Ihrem Bewusstsein auftaucht.

883 **Wahrheit sehen** Unsere Überzeugungen verzerren oft unser Gefühl für die Wahrheit. Um sich dies bewusst zu machen, meditieren Sie über ein jüngstes Ereignis. Erkennen Sie die Gedanken hinter Ihrem Verhalten. Suchen Sie ihre Ursprünge in der Vergangenheit – vielleicht bei Eltern oder Lehrern. Je bewusster Sie sich der Gedanken sind, desto besser sehen Sie die Wahrheit.

Meditieren Sie auch über **das Verhalten eines Kollegen oder Partners (884)**, um ihre Motive besser zu verstehen.

885   **Schau her** „Wenn du die Wahrheit nicht dort finden kannst, wo du bist, wo glaubst du sie sonst finden zu können?"
Dogen (1200–1253)

886   **Drei Konstanten** Die Wahrheit ändert sich nie. Die drei Konstanten sind das Selbst, Gott und der Tanz des Lebens. Meditieren Sie über jede, um sich mit der Wahrheit zu verbinden.

Das Selbst oder die Seele ist ein stiller Punkt geistiger Energie. Visualisieren Sie **einen Lichtpunkt (887)** in der Mitte Ihrer Stirn.

Gott ist ein unendliches Meer aus Frieden, Liebe und Wahrheit. Visualisieren Sie, wie sich Ihr Lichtpunkt mit **einer unendlichen Weite aus Licht (888)** verbindet.

Meditieren Sie von dort aus über die **Ereignismuster (889)** der Erde – der Tanz des Lebens, der sich mit der Zeit entfaltet.

890   **Neumond**   In der heidnischen Tradition gilt der Neumond – wenn der Mond am Himmel nicht sichtbar ist – als ideale Zeit, um in unserem Inneren nach der Wahrheit zu suchen. Nehmen Sie sich in dieser Phase Zeit fürs Alleinsein. Lassen Sie die Gedanken ruhen, damit die Stimme der Wahrheit hörbar wird.

891   **Im Labyrinth**   Das Labyrinth symbolisiert die Reise zur geistigen Wahrheit. Stellen Sie sich vor, wie Sie langsam durch ein Labyrinth gehen und an jeder Wende weltlichen Ballast abwerfen. Wenn Sie die Mitte des Labyrinths erreichen, fühlen Sie sich gereinigt und erneuert. Verweilen Sie etwas, bevor Sie in die Welt zurück-kehren.

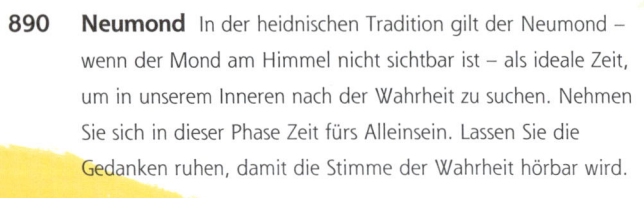

892 **Identität** „Ich habe einen Körper, aber ich bin nicht mein Körper. Ich habe einen Geist, aber ich bin nicht mein Geist. Ich denke, aber ich bin nicht meine Gedanken." MODERNE AFFIRMATION

893 **Wer träumt?** Zen-Meister Zhuangzi träumte, ein Schmetterling zu sein – oder war er ein träumender Schmetterling? Lassen Sie in der Meditation Konzepte, Ideen, Gedanken und Gefühle los. Seien Sie nur. Das führt zu tiefer Erkenntnis.

894 **Träumen** „Die Welt ist, wie du sie dir erträumst." SCHAMANISCHES SPRICHWORT

895 **Allein und verbunden** „Wenn ich mir gleichzeitig meines Alleinseins und meiner tiefen Verbundenheit mit anderen bewusst bin, spüre ich die Wahrheit." MODERNE AFFIRMATION

896 **Zweifeln** „Der Beginn der Weisheit steckt im Zweifeln; durch das Zweifeln gelangen wir zur Frage und durch das Suchen vielleicht zur Wahrheit." PIERRE ABÉLARD (1079–1142)

897 **Im Dunkeln sehen** „Zur Dunkelheit jenseits des Lichts beten wir, dass wir kommen mögen, und durch den Verlust des Sehens und Wissens das erkennen können, was durch Nichtsehen und Nichtwissen das Sehen und das Wissen übersteigt – es ist das wahre Sehen und Wissen." DIONYSIUS (CA. 500 N. CHR.)

898 **Ein Koan lösen** Im Zen-Buddhismus meditieren Schüler über Koans – paradoxe Fragen, die nicht logisch beantwortet werden können. Üben Sie dies, um Abstand zu Ihrem Verstand zu gewinnen. Beginnen Sie mit dem bekannten Koan: „Wie klingt eine einzelne, klatschende Hand?" Erfüllen Sie Ihr Bewusstsein mit der Frage und beobachten Sie, wie Ihr Verstand vergeblich versucht, die Frage mit logischem Denken zu beantworten.

899 **Im Tal bleiben** „Die Wahrheit liegt nicht immer in einem Brunnen. Tatsächlich glaube ich, in Bezug auf das bedeutendere Wissen, liegt sie unveränderlich an der Oberfläche. Die Tiefe liegt im Tal, wo wir sie suchen, und nicht auf den Berggipfeln, wo man sie findet." EDGAR ALLAN POE (1809–1849)

900 **Pforten der Wahrnehmung** „Würden die Pforten der Wahrnehmung gereinigt werden, erschiene den Menschen alles, wie es ist: unendlich." WILLIAM BLAKE (1757–1827)

901 **Farbpalette** Stellen Sie sich eine Palette aus den Farben des Regenbogens vor. Man denkt, sie enthalten alle möglichen Farben. Aber es fehlen Gold und Silber. Genauso können wir uns auch nicht die gesamte Wirklichkeit vorstellen. Betrachten Sie das Göttliche als Farbe, die wir nie direkt gesehen haben, sondern nur intuitiv wahrnehmen.

902 **Am Strand** „Mir selbst schien ich immer wie ein Junge, der am Strand spielt. Ich lenkte mich in der Gegenwart ab und fand einen glatteren Stein oder eine hübschere Muschel als gewöhnlich, während der große Ozean der Wahrheit unentdeckt vor mir lag." SIR ISAAC NEWTON (1642–1727)

903 **Drei Kerzen** „Drei Kerzen vertreiben die Dunkelheit: Wahrheit, Wissen und der Lauf der Natur." CHINESISCHES SPRICHWORT

904 **Erwachen** Die Wahrheit liegt so nahe, dennoch suchen wir sie in der Ferne. Wie Fische, die nicht wissen, dass sie im Wasser schwimmen, erkennen wir nicht, dass wir vom Geist umgeben sind. Denken Sie in Ihrer Meditation darüber nach. Mit der Zeit können Sie den Geist wahrnehmen, wenn sich die Illusion lichtet.

905 **Meer der Wahrheit** „Um am Meeresgrund der Wahrheit zu schwimmen, musst man sich erst auf Null zurücksetzen." MAHATMA GANDHI (1869–1948)

906 **Platons Höhle** Der griechische Philosoph Platon erklärte anhand des Höhlengleichnisses unsere Verstrickungen in der materiellen Welt. In der Höhle sehen wir nur Schatten an der Wand – die Gestalten der materiellen Welt. Wir halten die Wahrnehmung unserer Sinne für die Realität, aber die wahren Gestalten, die diese Schatten werfen, liegen anderswo.

907 **Frieden finden** Um Frieden zu finden, müssen wir die echten Wahrheiten suchen und sie lieben, wenn wir ihnen begegnen.

908 Über die Brücke

„Geh zur Wahrheit
jenseits des Verstan-
des. Liebe ist
die Brücke."
STEPHEN LEVINE
(20. JAHRHUNDERT)

909 Dschungel Der
Weg ist voller Ängs-
te, Zweifel, Fehler
und Bindungen.
Dschungel umgibt
uns, aber die
Machete der
Wahrheit kann
jederzeit das
Dickicht der Illusion
zerschlagen.

MITGEFÜHL

910   **Mitgefühl wecken** Wenn Menschen einander wehtun, ist es leicht, sie dafür zu verurteilen, ohne zu erkennen, dass uns diese Reaktion schadet. Meditieren Sie, um Mitgefühl zu wecken. Denken Sie an jemanden, der anderen schaden möchte. Erkennen Sie, dass nicht der Mensch, sondern sein Verhalten falsch ist, welches aus seinem eigenen seelischen Schmerz entspringt. Fühlen Sie mit seinem Leid und visualisieren Sie ein heilendes Licht rund um seine Seele. So erleben auch Sie Heilung.

911   **Saiten eines Instruments** „Ich bin geräumig, aber voll liebevoller Güte; voller Mitgefühl, aber gelassen. Ich bin wie die Saiten eines fein gestimmten Instruments – nicht zu stark gespannt, aber auch nicht zu locker." Moderne Affirmation

912   **Wandteppiche** Unsere Leben sind wie Wandteppiche – einzigartig und individuell, aber aus einem Garn gemacht. Dieser ermöglicht es uns, die anderen wie uns selbst zu kennen – und darum auch Mitgefühl zeigen zu können.

913 **Geistige Verbindung** „Wenn ein Mensch auf die Freuden und Sorgen anderer so reagiert, als wären es seine eigenen, hat er die höchste geistige Einheit erreicht." BHAGAVAD GITA (1. ODER 2. JAHRHUNDERT)

914 **Weites Herz** Diese Meditation öffnet das *Anahata-Chakra* des Herzens und vergrößert unser Mitgefühl. **1** Schließen Sie Ihre Augen und achten Sie auf die Mitte Ihrer Brust. **2** Stellen Sie sich beim Einatmen vor, wie sich Ihr Herz mit dem Licht der Liebe weitet. **3** Lassen Sie dieses Licht beim Ausatmen aus Ihrem Herzen in die Welt strahlen. **4** Machen Sie dies einige Minuten lang.

915 **Selbstlos** „Ich höre auf, als Selbst zu leben und erkenne meine Mitgeschöpfe als mein Selbst." SHANTIDEVA (7. JAHRHUNDERT)

916 **Not lindern** Wenn wir mit Leid konfrontiert sind, fühlen wir uns oft machtlos. Aber es gibt andere Möglichkeiten. Mitgefühl heißt nicht, das Leben anderer „auf die Reihe zu kriegen" oder die Welt zu retten. Wir müssen nur unser Herz öffnen.

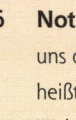

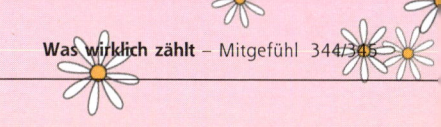

917 **Fluss des Mitgefühls** „Echtes Mitgefühl fließt schnell, als wären wir selbst verletzt, aber ohne unsere Kraft zu verlieren." MODERNER INSPIRATION AUS JAPAN

918 **Zuwendung** „Möge sich deine Seele jedem Schmerz so zuwenden, wie eine Lotosblüte ihr Herz öffnet, um die Morgensonne in sich aufzunehmen. Lass nicht die feurige Sonne die Träne des Leidens trocknen, bevor du sie vom Auge des Trauernden wischen konntest. Aber lass jede brennende Menschenträne auf dein Herz tropfen und verweilen; wisch sie nicht weg, bis der verursachende Schmerz entfernt wurde." VEDISCHE MEDITATION

919 **Wahres Mitgefühl** Um der Schwäche anderer mitfühlend zu begegnen können, müssen wir erst unsere eigene anerkennen.

920 **Das Paradies** „Ihr könnt das Paradies erst betreten, wenn ihr glaubt, und ihr könnt erst glauben, wenn ihr euch liebt. Seid mitfühlend mit jenen, die ihr seht, und Er, den ihr nicht sehen könnt, wird mitfühlend mit euch sein." HADITH (7. JAHRHUNDERT)

LIEBE

921 Eine Richtung „Man muss nur wissen, dass Liebe eine Richtung der Seele ist und kein Zustand." SIMONE WEIL (1909–1943)

922 Nachtvogel Denken Sie an eine Eule, die nachts jagt, während Sie schlafen. Dunkelheit bedeckt die Wälder, Felder und Moore, die sie abkreist, aber für die Eule ist es Tag. Ebenso sehen Sie und andere Suchende in diesen dunklen Zeiten klar und verfolgen wahre Ziele. Liebe und Geist sind wertvoll für Sie.

923 Gut sehen „Und hier mein Geheimnis, es ist ganz einfach: Man sieht nur mit dem Herzen gut. Das Wesentliche ist für die Augen unsichtbar." ANTOINE DE SAINT-EXUPÉRY (1900–1944)

924 Licht der Liebe Liebe ist die Sonne. Ohne Liebe irren wir im Dunkeln. Es ist die Liebe, die uns wachsen lässt.

925 In Liebe leben „Frieden und Liebe sind immer in uns lebendig, aber wir leben nicht immer in Frieden und Liebe."
JULIANA VON NORWICH (1342–CA. 1416)

926 Die Festung Liebe ist wie eine Festung auf einem Berg – geschaffen, um selbst dem schlimmsten Sturm zu trotzen.

927 Schmetterling Visualisieren Sie einen Schmetterling in Ihrem Herzen. Vorsichtig öffnet er seine Flügel und offenbart seine Schönheit. Atmen Sie tief und langsam. Lassen Sie jeden Atemzug in den Schmetterling strömen. Das stärkt Ihre Liebe und Ihr Mitgefühl für ihn. Machen Sie dies fünf Minuten lang. Üben Sie regelmäßig, um Ihr Herz der Welt zu öffnen.

928 Platz im Herzen „Ein kleiner Platz im Herzen ist so groß wie das unendliche Universum." UPANISHADEN (CA. 1000 V. CHR.)

929 **Luft der Liebe** Die Liebe ist die Luft der Seele. Sie lässt uns atmen, reinigt, energetisiert und erbaut alles, was sie berührt.

930 **Schlagendes Herz** „Die Musik auf Erden, die am weitesten in den Himmel vordringt, ist der Herzschlag eines wahrhaft liebenden Menschen." HENRY WARD BEECHER (1813–1887)

931 **Blüte der Erleuchtung** Das Selbst ist die Wurzel, Frieden ist der Stiel, Liebe ist die Blüte. Wurzel, Stiel und Blüte sind eins. Das ist Erleuchtung.

932 **Bild Gottes** „Die Liebe ist ein Bild Gottes und nicht ein totes Bild noch auf Papier gemalt, sondern ein lebendiges Wesen in göttlicher Natur, die da brennt voll alles Guten" MARTIN LUTHER (1483–1546)

933 **Liebende Güte** *Metta*, die liebende Güte, fördert bedingungslose Freundlichkeit sich selbst und anderen gegenüber. In dieser Kurzfassung der traditionellen Meditation widmen Sie sich *Metta*,

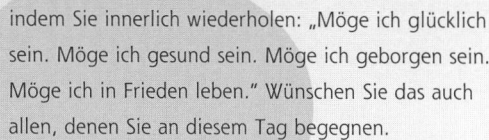

indem Sie innerlich wiederholen: „Möge ich glücklich sein. Möge ich gesund sein. Möge ich geborgen sein. Möge ich in Frieden leben." Wünschen Sie das auch allen, denen Sie an diesem Tag begegnen.

934 Gottes Namen „Ich bin verliebt und die Welt soll es sehen. Ich schnitzte die vielen Namen Gottes in alle Bäume im heiligen Hain meines Herzens, aus dem seine Musik erklingt." AUS EINEM SENEGALESISCHEN VOLKSLIED

935 Hand Gottes Schließen Sie Ihre Augen und visualisieren Sie eine große offene Hand vor sich. Sie klettern in die weiche Hand und rollen sich in der Mitte ein. Die Hand umgibt Sie schützend und wiegt Sie vor und zurück. Sie fühlen sich gewärmt, sicher und geliebt.

936 Kleiner Bleistift „Ich bin ein kleiner Bleistift in der schreibenden Hand Gottes, der einen Liebesbrief an die Welt schickt." MUTTER TERESA (1910–1997)

GEIST

937 **Dem Geist vertrauen** Wir alle werden von einer ewigen Lebensenergie, einem zugrundeliegenden Prinzip beseelt. Manche Religionen nennen es Geist, manche Gott, andere den Einen. Alle sehen jedoch den Geist als den Ursprung aller Liebe und dessen, was wir sind. Vertrauen Sie auf den Geist und Sie werden nicht nur erkennen, dass Ihr Vertrauen berechtigt ist: Er ist auch das Einzige, das unserem Leben wahren Sinn verleiht und wahre Freude erzeugt, egal, unter welchen Umständen.

938 **Planetenkette** „In uns ist der Eine heimlich verborgen; die Planeten aller Galaxien wandern durch seine Hände wie Gebetsperlen – diese Perlenkette sollte man mit leuchtenden Augen betrachten." KABIR (1440–1518)

939 **Dreifaltigkeit** Unser Geist hat drei grundlegende Aufgaben: zerstören, erschaffen und erhalten. Das Ausüben dieser Fähigkeiten in der Meditation ermöglicht Selbsttransformation. Denken Sie zuerst an eine positive Qualität, die Sie gerne hätten, etwa Frieden. Visualisieren Sie nun die Gefühle, die Ihren Frieden stö-

ren, als Unkraut in der Erde Ihres Bewusstseins. Ziehen Sie das Unkraut heraus und verbrennen Sie es im Feuer der Liebe. Verstreuen Sie die Asche über der Erde. Pflanzen Sie dann Samen der Gelassenheit und sehen Sie sie gedeihen, genährt von der Asche des verbrannten Unkrauts.

940   Wahres Sein „Die gesamte Existenz ist Vorstellung innerhalb von Vorstellung, nur Gott ist das wahre Sein." IBN AL'ARABI (1165–1240)

941   Durstige Fische „Ich lache, wenn ich höre, dass der Fisch im Wasser Durst hat. Ich lache, wenn ich höre, dass die Menschen pilgern, um Gott zu finden." KABIR (1440–1518)

942   Musik der Stille Sitzen Sie mit geschlossenen Augen an einem ruhigen Ort. Atmen Sie langsam und tief. Hören Sie auf alle kleinen Geräusche – und wenn es nur der Wind draußen ist oder das Knarren des Hauses. Hören Sie auch Ihren Atem. Stellen Sie sich vor, wie sich diese Geräusche zu einer großen, subtilen Symphonie verbinden, eine der ruhigen Passagen in Ihrem Lebens. Genießen Sie die Musik als Geschenk für Ihre Seele.

943   **Seelengesang** Die Lebenskraft (das vedische *Prana*) steht oft in Verbindung mit dem Atem. Durch improvisiertes Singen können Sie sich daher auf kraftvolle Weise mit Ihrer Seele, der Lebenskraft in Ihnen, verbinden und sie zum Ausdruck bringen. Gehen Sie an einen Ort, an dem Sie ungestört laut sein können. Stehen Sie breitbeinig, mit den Armen an den Seiten. Atmen Sie tief ein und drücken Sie Luft aus Ihrem Mund, um einen Ton, aber keine Worte oder Melodie zu erzeugen. Hierbei geht es nicht um schöne Klänge, sondern um den Ausdruck Ihrer Seele durch Ihre Stimme. Achten Sie auf Ihre Gefühle und geben Sie ihrer unverfälschten Kraft eine Stimme.

944 **Die Seele finden** „Ich schließe meine Augen und schaue nach innen. Im Zentrum meines Wesens sehe ich einen stillen Lichtpunkt – strahlend und rein. Das ist meine Seele, Alpha und Omega meines Lebens." MODERNE AFFIRMATION

945 **Reinigender Wasserschwall** Schöne Musik ist wie ein reinigender Wasserschwall durch die Kanäle der Seele. Sie erfrischt und belebt Sie. Ihre Energien fließen frei und voller Liebe.

946 **Ursprung des Flüsterns** „War vielleicht mein Flüstern schon vor meinen Lippen da?" OSSIP MANDELSTAM (1891–1938)

947 **„OM"** In den vedischen Schriften ist „OM" der Urklang, aus dem das Universum entstand. „OM" als Mantra verbindet uns mit dem Ursprung des Universums. Halten Sie beim Singen des Mantras den Ton so lange wie möglich und spüren Sie die Schwingungen in Ihrem Körper nachhallen.

Andere Mantras: **„eins" (948)**, **„Frieden" (949)** oder ein anderes **Wort mit besonderem Klang (950)** für Sie.

951 **Spirituelle Früchte** Die Sufis (persische Mystiker) glaubten, dass das Wissen ohne Übung wie ein Baum ohne Früchte ist. Erleben Sie die Praxis der Meditation als Garantie für innere Fruchtbarkeit, ein wichtiger Schritt zu Ihrer spirituellen Ernte.

952 **Öl und Butter** „Wie Öl im Sesam, wie Butter im Rahm, wie Wasser in den Quellen … so wohnt der Gott der Liebe, das Selbst, in den Tiefen des Bewusstseins. Erkenne ihn durch Wahrhaftigkeit und Meditation." *UPANISHADEN* (CA. 1000 V. CHR.)

953 **Rad des Gesetzes** Das hinduistische Symbol *Chakravartin* – das Rad des Gesetzes – steht für Bewegung und Ganzheit. Sehen Sie es als Symbol Ihrer selbst: die Nabe ist Ihr wahres Wesen; die Speichen sind Aspekte Ihrer Persönlichkeit; der Ring ist Ihre weltliche Gestalt. Sehen Sie, wie die Nabe das Rad zusammenhält. Meditieren Sie über den Mittelpunkt – Ihre göttliche Seele.

954 **Glaube** „Dankbar glaube ich an den Geist. Hier finde ich den Frieden und die Kraft, alles zu meistern." MODERNE AFFIRMATION

955 **Ein Reiskorn** „Dies ist die Seele in meinem Herzen, kleiner als ein Reiskorn … oder ein Grassamen, oder ein Körnchen eines Grassamens; dies ist die Seele in meinem Herzen, größer als die Erde … größer als der Himmel selbst, größer als alle Welten." UPANISHADEN (CA. 1000 V. CHR.)

956 **Bodhi-Baum** Es heißt, dass Buddha sein Erwachen unter einem Banyanbaum hatte, der als Bodhi-Baum („erwachter" Baum) bekannt wurde. Der Bodhi-Baum regeneriert sich, indem er seine Äste in der Erde verwurzelt. Er steht für die unsterbliche Seele. Sitzen Sie im Geiste unter einem Bodhi-Baum. Blicken Sie auf die Äste und denken Sie an Ihre Seele und ihre unzähligen vergangenen, gegenwärtigen und zukünftigen Inkarnationen.

957 Unveränderlich „Ich erfreue mich am unveränderlichen Geist. Ich bin glücklich in meiner liebevollen Unabhängigkeit von der materiellen Welt." MODERNE AFFIRMATION

958 Den Geist ausdehnen In Religionen auf der ganzen Welt ist das Licht das Symbol des Geistes. Über dieses Bild können wir uns mit dem Geist in uns verbinden. Sitzen Sie bequem mit geschlossenen Augen und atmen Sie ein paarmal tief durch. Stellen Sie sich dann beim Einatmen einen Lichtpunkt im Kern Ihres Wesens vor, der weiße Energie ausstrahlt. Bei jedem Einatmen wird dieses Licht heller und strahlt weiter aus Ihrem inneren Selbst, bis es in jeden Teil Ihres Körpers reicht. Meditieren Sie weitere fünf Minuten über dieses weiße Licht. Beenden Sie die

Meditation, indem Sie Ihren Kopf zur Brust neigen und langsam Ihre Augen öffnen.

959 **Inneres Heiligtum** Es ist ein Ort im Inneren, wo Sie sich mit Ihrer Seele verbinden können. Schließen Sie Ihre Augen und visualisieren Sie eine stille Landschaft. Bauen Sie dort ein Heiligtum, das die Schönheit Ihrer Seele verkörpert. Wie durch Zauberhand erscheinen Baumaterialien. Wenn es gebaut, dekoriert und eingerichtet ist, setzen Sie sich hinein. Spüren Sie den Frieden in der Verbindung mit sich selbst.

960 **Geistiges Wissen** „Durch das Meditieren über das Licht und den strahlenden Glanz kann geistiges Wissen erreicht und Frieden erlangt werden." PATANJALI (2. JAHRHUNDERT V. CHR.)

961 **Pioniere des Leidens** Leid eröffnet neue Gebiete für die Seele. Wir alle sind Pioniere des Leidens. Unser Leben im Grenzbereich ist die Geschichte der Menschheit.

962 **Dunkle Nacht** „Auch wenn die Nacht deine Seele verfinstert, ist ihr Zweck, Licht zu bringen. Auch wenn sie dich demütig macht und die Tiefe deines Elends enthüllt, ist ihr Zweck, dich zu erheben. Auch wenn sie dich aller Gefühle beraubt und dich von allen natürlichen Freuden löst, ist ihr Zweck, dich mit geistiger Wonne zu erfüllen und dich mit der Quelle dieser Wonne zu verbinden." JOHANNES VOM KREUZ (1542–1591)

963 **Seelenfreund** Wir kennen den Geist als Geliebten oder Ursprung, aber es ist schwer, ihm eine Gestalt zu geben. Stellen Sie ihn sich als liebevollen Freund vor. Wenn Ihnen Ihr Seelenfreund einen Brief schriebe, was würde darin stehen? Wie würde er seine Liebe ausdrücken? Schreiben Sie diesen Brief und verwahren Sie Ihn für Zeiten, in denen Ihr Freund weit weg scheint.

964 **Gebet** „Das Gebet ist eine enge Freundschaft, ein häufiges Gespräch, das man allein mit dem geliebten Gott führt." TERESA VON ÁVILA (1515–1582)

965 **Nährboden** Ohne Geist würde Wissen nie zu Weisheit und Geschehnisse würden nie zu Erfahrungen heranreifen.

966 **Atem Gottes** Hildegard von Bingen, eine weise Mystikerin des Mittelalters, erzählte die Geschichte eines Königs, der eine Feder aufhob und ihr befahl, zu fliegen. Die Feder flog, aber nur, weil die Luft sie trug. „So bin ich", sagte sie. „Eine

Feder, getragen von Gottes Atem." Glauben Sie daran, dass der Geist auch Sie bewegen kann.

967   **Geistige Schönheit**   Denken Sie in der Meditation an jemanden, dessen geistige Schönheit Sie berührt hat. Erinnern Sie sich an die Begegnung. Welche Qualität hatte die Energie, die Sie berührt hat? Vergessen Sie nicht: Was Sie in anderen erkennen, tragen Sie auch in sich.

968   **Reinheit**   „Die Reinheit, die der Mensch liebt, ist wie der Nebel, der die Erde umhüllt, und nicht wie der blaue Himmel darüber." HENRY DAVID THOREAU (1817–1862)

969   **Aufstieg des Ballons**   Visualisieren Sie einen Heißluftballon, der mit Seilen am Boden befestigt ist. Der Ballon steht für Ihre Seele und die Seile für Ihre Bindungen. Lösen Sie im Geiste jedes Seil, bis sich der Ballon vom Boden erhebt und Ihre Seele aufsteigen kann. Sie entscheiden, wie hoch Sie fliegen – regulieren Sie einfach die Flamme oder werfen Sie Sandsäcke ab.

970 **Einklang** „Ich lebe
in der Seele, im Einklang
mit Körper und Geist, mit der
Natur und ihren unendlichen
Schätzen, mit anderen in Seelen-
verwandtschaft." MODERNE AFFIRMATION

971 **Drache** Der chinesische Drache symbolisiert Freude, Kraft und
Gesundheit. Er wacht über die geistige Weisheit. Meditieren Sie
über ihn. Betrachten Sie seine im Licht glitzernden Schuppen.
Spüren Sie die Energie des Geistes in seinem fauchenden Atem.

972 **Der Lachs** „Die Seele blitzt auf wie ein springender Lachs. Der
Fischer kann den Lachs mit einem Haken einfangen, nicht aber
seine Schönheit." MODERNE INSPIRATION AUS SCHOTTLAND

973 **Der große Pfad** „Der große Pfad hat kein Tor. Tausende Wege
führen zu ihm. Wer das torlose Tor durchschreitet, wandert frei
zwischen Himmel und Erde." MUMON (1900–1988)

EINHEIT

974 **Mehr als Worte** Seien Sie eins mit allem Undefinierbaren.

975 **Zwei Seiten** Das geistige und das materielle Reich sind die zwei Seiten einer Medaille, die sich durchdringen und ergänzen. Meditation harmonisiert unsere Wahrnehmung der materiellen Realität mit der geistigen Vision der Zusammenhänge, die wir intuitiv erkennen. Versuchen Sie anhand beider Perspektiven eine ganzheitliche Sicht auf das Leben zu erlangen.

976 **Zwei Lampen** „Ich bin du, oh Gott. ... Unsere Seelen sind zwei Lampen, die ein Licht verströmen." AL-HALLADSCH (CA. 858–922)

977 **Fünfstern** Das Pentagramm steht für kosmische Einheit. Es besteht aus zwei ineinandergreifenden Zacken. Die schmale, nach oben zeigende Spitze steht für das männliche Prinzip des Himmels, das breite, nach unten zeigende Dreieck für das weibliche Prinzip der Erde. Eine Meditation über das Pentagramm verbindet Sie mit dem Kosmos und harmonisiert die gegensätzlichen, männlichen und weiblichen Energien Ihres Wesens.

978   **Glocke und Blitz**   Im Buddhismus steht die Glocke für das weibliche Prinzip und Mitgefühl, und der Blitz für das männliche Prinzip und Weisheit. Mitgefühl ohne Weisheit ist wie eine Glocke ohne Klöppel. Weisheit ohne Mitgefühl ist wie ein Blitz ohne Regen.

979   **Der Plan des Universums**   „Einheit in der Vielfalt ist der Plan des Universums." VIVEKANANDA (1863–1902)

980   **Optische Täuschung**   Unsere Getrenntheit voneinander ist die optische Täuschung unseres Bewusstseins.

981   **Edelsteinturm**   Im *Avatamsaka-Sutra* wird das Universum mit einem riesigen, juwelenbesetzten Turm verglichen, in dem sich wiederum eine unendliche Anzahl an identischen, juwelenbesetzten Türmen befindet. Alles ist in allem enthalten und jeder enthält alles. Das Universum ist ein inneinandergreifendes Gefüge, in dem die Eigenschaften eines Teils von jenen aller anderen bestimmt werden. So trägt jeder Teil gereits das Ganze in sich.

982 **Himmelsrichtungen** Erfassen Sie die Einheit der materiellen Welt, indem Sie über einen Kompass meditieren. Sinnieren Sie erst über die Punkte für Norden, Süden, Osten und Westen, dann über den Schnittpunkt in dem alle vier eins werden.

983 **Yin und Yang** Das chinesische *Yin-Yang*-Symbol vermittelt das Konzept der grundlegenden Einheit in der Schöpfung, die auf der dynamischen Wechselwirkung zwischen sich ergänzenden Gegensätzen beruht. Denken Sie an die Symbolik: *Yin* ist weiblich, dunkel, annehmend und passiv; *Yang* ist männlich, hell, sich ausdehnend und aktiv. Beides ist für unser Erleben notwendig. Erst durch das Zusammenspiel kann man Unterscheidungen treffen.

984 **Honig** „Wie Bienen, die Honig von vielen Blüten sammeln und in einen Bienenstock füllen, damit kein Tropfen sagen kann: ‚Ich bin von dieser oder jener Blüte', sind alle Geschöpfe eins, auch wenn sie es nicht erkennen." *UPANISHADEN* (CA. 1000 V. CHR.)

985 **Einheit und Trennung** Um sich der Einheit bewusst zu werden, muss man Trennung erfahren.

986 **Baum des Lebens** In hebräischen Schriften verkörpert der Baum des Lebens die Reise der Seele zurück zum Ursprung. Der Baum zeigt alle Möglichkeiten, die dem Menschen offenstehen, und steht für das gesamte Universum. Meditieren Sie über den Baum, um sich an Ihr geistiges Ziel zu erinnern, wenn Sie vom Weg abkommen.

987 **Einsame Insel** Wir stellen uns allein vor – einsame Inseln im Ozean. Aber unter den Wellen erkennen wir, dass wir uns alle aus derselben Erde erheben und über unsere Wurzeln verbunden sind.

988 **Dem Selbst dienen** „Der Seele, die über dem Selbst meditiert, genügt es, dem Selbst zu dienen, und ruht erfüllt in ihm. Mehr kann man nicht erreichen." Bhagavad Gita (1. oder 2. Jahrhundert)

989 **Ursprung der Bewegung** „Ich entdeckte schließlich den Ursprung aller Bewegung, die Einheit, aus der alle verschiedenen Bewegungen entstehen." ISADORA DUNCAN (1878–1927)

990 **Kosmischer Tänzer** Im Hinduismus ist Shiva der Gott der Schöpfung und Zerstörung. Sein Tanz hält den Rhythmus des Universums aufrecht. Oft wird er mit vier Armen in einem Flammenkreis dargestellt. Meditieren Sie über Shiva, um hinter der endlosen Bewegung und Veränderung des Universums – Shivas kosmischen Tanz – die Einheit erkennen zu können.

991 **Tanz mit dem Leben** Das Leben ist ein ewiger Wandel. Wehren Sie sich nicht gegen Veränderungen, sondern tanzen Sie mit ihnen und verbinden Sie sich mit dem Fluss.

992 **Jenseits der Dualität** Schließen Sie die Augen und steigen Sie im Geiste in eine Rakete. Gleich sind Sie hoch über der Erde, jenseits aller Dualität. Von oben sehen Sie eine Welt, eine Seelenfamilie, die vom Band der Liebe zusammengehalten wird.

993   **Herr der Liebe** „In der Welt der Sinne ist alles Veränderung, aber der höchste Herr der Liebe ist unveränderlich. Meditiere über ihn, sei in ihm aufgenommen, erwache aus dem Traum des Getrenntseins." UPANISHADEN (CA. 1000 V. CHR.)

994   **Ein Tropfen** Stellen Sie sich vor, Sie sind ein Wassertropfen im Meer. Mit Milliarden anderen Tropfen bilden Sie den Ozean. Meditieren Sie über Ihre Seele. Sie ist eine von vielen, einzigartig und doch wie die anderen. Sie teilen den Geist des Einen.

995   **Sandkorn** „Um die Welt in einem Sandkorn zu sehen und den Himmel in einer wilden Blume, halte die Unendlichkeit in deiner Hand und die Ewigkeit in einer Stunde." WILLIAM BLAKE (1757–1827)

996   **Lotos** Der Lotos steht oft für die Erleuchtung. Die Blätter und Blüten öffnen sich morgens und schließen sich abends – ein perfektes Symbol für das Licht. Er wächst im Schlamm und zeigt den Wandel von Schmutz zu Reinheit. Meditieren Sie über den Lotos.

Greifen Sie mit Ihrer Seele nach dem Licht.

997 **Tausend Blätter** Wir meditieren, um unseren Bezug zum Ursprung zu erkennen. Über das Scheitelchakra *Sahasrara* („tausend Blätter") können wir uns mit ihm verbinden. Es wird als blühender Lotos mit tausend Lichtstrahlen dargestellt. Visualisieren Sie es bei der Meditation auf Ihrem Kopf. So erkennen Sie Ihr wahres Selbst und die Einheit mit dem höchsten Bewusstsein.

998 **Ziel der Einheit** „Wenn dein Geist, der zwischen den Widersprüchen vieler Schriften schwanken mag, unerschüttert in göttlicher Kontemplation ruht, hast du das Ziel der Einheit erreicht." BHAGAVAD GITA (1. ODER 2. JAHRHUNDERT)

999 **Mandala** Mandalas sind bildliche Darstellungen des Kosmos, meist geometrische Formen in konzentrischen Kreisen. Im Hinduismus und Buddhismus unterstützen Sie die Meditation. Konzentrieren Sie sich auf das Mandala, nähern Sie sich geistig seinem Herzen, um Einheit mit dem Universum zu verspüren.

1000 Ausdehnung Stellen Sie sich Ihren Atem als Erweiterung Ihres Wesens vor. Dehnen Sie Ihre Wahrnehmung aus, bis Sie nicht mehr begrenzt sind, sondern das gesamte Universum erfüllen.

1001 Fluss der Welt „Wer in seinem Geist das große Bild der Einheit hält, zu dem kommt die Welt ... in Sicherheit, Einheit und Frieden." LAOTSE (CA. 604–531 V. CHR.)

DANKSAGUNG

Der Herausgeber bedankt sich bei folgenden Künstlern, die ihre Arbeiten zur Verfügung stellten:
David Dean, S. 10 f., 23, 31, 34, 37, 38 f., 63, 74 f., 77, 98, 112, 120 f., 126, 132, 155,
166 f., 173, 179, 196 f., 211, 222, 225, 226 f., 229, 235, 247, 248, 257, 265, 268 f., 304,
310 f., 332 f., 336, 341, 346, 358, 362; **Hannah Carty**, S. 8, 12, 29, 49, 70, 84, 87, 92, 111,
134, 152, 160, 169, 181, 184, 206, 208, 219, 230, 260, 267, 278, 284, 292, 295, 303, 314,
322, 323, 329, 343, 351, 356, 371; **Sailesh Patel**, S. 9, 18, 24 f., 26 f., 30, 40 f., 42, 46,
50 f., 59, 67, 88, 96, 99, 103, 104, 128 f., 142 f., 146, 147, 172, 183, 194 f., 201, 212, 231,
244, 251, 272 f., 280 f., 282, 318 f., 338, 358.

ÜBER DEN AUTOR

Mike George ist bekannt als inspirierender Redner und motivierender Lehrer für
Bewusstseinsbildung, Selbstmanagement, kreative Visualisierungen, positives Denken und
Stressbewältigung. Er ist Herausgeber des Magazins *Heart and Soul* und Dozent an der Brahma
Kumaris World Spiritual University. Er verfasste auch mehrere Bücher, unter anderem *Meditation
als Weg* und *Der einfache Weg zur heiteren Gelassenheit.*

Für weitere Informationen zu den Inhalten des vorliegenden Buchs kontaktieren Sie den
Autor per E-Mail: mike@relax7.com oder besuchen Sie die Webseite: www.relax7.com.